四特 教育系列丛书 SITEJIAOYUXILIECONGSHU

跑走跨类田径竞赛

《"四特"教育系列丛书》编委会　编著

吉林出版集团股份有限公司
全国百佳图书出版单位

图书在版编目 (CIP) 数据

跑走跨类田径竞赛／《"四特"教育系列丛书》编委会编著 . —长春：吉林出版集团股份有限公司，2012.4
（"四特"教育系列丛书／庄文中等主编 . 学校体育竞赛与智力游戏活动策划）
ISBN 978-7-5463-8630-0

I. ①跑… II. ①四… III. ①田径运动－运动竞赛－青年读物②田径运动－运动竞赛－少年读物 IV. ① G820.73-49

中国版本图书馆 CIP 数据核字（2012）第 042009 号

跑走跨类田径竞赛

PAO ZOU KUA LEI TIANJING JINGSAI

出 版 人 吴　强
责任编辑 朱子玉　杨　帆
开　　本 690mm×960mm 1/16
字　　数 250 千字
印　　张 13
版　　次 2012 年 4 月第 1 版
印　　次 2023 年 2 月第 3 次印刷

出　　版 吉林出版集团股份有限公司
发　　行 吉林音像出版社有限责任公司
地　　址 长春市南关区福祉大路 5788 号
电　　话 0431-81629667
印　　刷 三河市燕春印务有限公司

ISBN 978-7-5463-8630-0　　　　　定价：39.80 元

前　言

　　学校教育是个人一生中所受教育的最重要组成部分,个人在学校里接受计划性的指导,系统地学习文化知识、社会规范、道德准则和价值观念。学校教育从某种意义上讲,决定着个人社会化的水平和性质,是个体社会化的重要基地。知识经济时代要求社会尊师重教,学校教育越来越受重视,在社会中起到举足轻重的作用。

　　"四特教育系列丛书"以"特定对象、特别对待、特殊方法、特例分析"为宗旨,立足学校教育与管理,理论结合实践,集多位教育界专家、学者以及一线校长、老师们的教育成果与经验于一体,围绕困扰学校、领导、教师、学生的教育难题,集思广益,多方借鉴,力求全面彻底解决。

　　本辑为"四特教育系列丛书"之《学校体育竞赛与智力游戏活动策划》。

　　学校体育运动会是学校教育教学工作的一个重要组成部分,是体育活动中的一个重要内容。它不仅可以增强学生的体质,同时,也可以增强自身的意志和毅力,并在思想品质的教育上,发挥不可替代的作用。学校通过举办体育运动会,对推动学校体育的开展,检查学校的体育教学工作,提高体育教学、体育锻炼与课余体育训练质量和进行学校精神文明建设等都具有重要的意义。本书旨在普及体育运动的知识,充分调动广大青少年学生参与体育活动的积极性,内容包括学校体育运动会各个单项的竞赛与裁判知识等内容,具有很强的系统性、实用性、实践性和指导性。

　　将智力和游戏结合起来,诵过游戏活动达到大脑锻炼的目的,是恢复疲劳、增强脑力、重塑脑功能结构的主要方式,是智力培养的重要措施。

　　青少年的大脑正处于发育阶段,具有很大的塑造性,通过智力游戏活动,能够培养和开发大脑的智能。特别是广大青少年都具有巨大的学习压力,智力游戏活动则能够使他们在轻松愉快的情况下,既完成繁重的学业任务,又能提高智商和情商水平,可以说是真正的素质教育。为了使广大青少年在玩中学习,在乐中提高,我们根据青少年的生理、心理特点,特别编写这套书。我们采用做游戏、讲故事等方法,让广大青少年思考问题,解决难题,并在玩乐的过程中,循序渐进地提高智商和开发智力,达到学习与娱乐双丰收的效果。

　　本辑共20分册,具体内容如下:

　　1.《团体球类运动竞赛》

　　学校体育运动的目的是调动学生活动的兴趣,提高学生参加体育运动和各种活动的积极性和参与率,让学生在运动中才能体会到参与的快乐。本书就学校团体球类运动的竞赛与裁判问题进行了系统而深入的阐述,使学生掌握组织团体球类竞赛的方法体例科学,内容全面,具有很强的系统性、实用性、实践性和指导性。

2.《小型球类运动竞赛》

小型球类运动竞赛包括排球、羽毛球和乒乓球等比赛。学校体育运动的目的是调动学生活动的兴趣,提高学生参加体育运动和各种活动的积极性和参与率,让学生在运动中才能体会到参与的快乐。小型球类运动竞赛包括排球、羽毛球和乒乓球等比赛。本书就学校个人球类运动的竞赛与裁判问题进行了系统而深入的阐述,体例科学,内容全面,具有很强的系统性、实用性、实践性和指导性。

3.《跑走跨类田径竞赛》

学校体育运动的目的是调动学生活动的兴趣,提高学生参加体育运动和各种活动的积极性和参与率,让学生在运动中才能体会到参与的快乐。跑走跨类田径竞赛包括长短跑、跨栏跑和竞走等项目比赛。本书就学校跑走跨类田径运动的竞赛与裁判问题进行了系统而深入的阐述,体例科学,内容全面,具有很强的系统性、实用性、实践性和指导性。

4.《跳跃投掷类田径竞赛》

长期来,在技术较为复杂的非周期性田径项目的教学中,一般都采用以分解为主的教学法。这种教学法,教学手段繁琐,教学过程复杂,容易产生技术的割裂和停顿现象,特别是与现代跳跃和投掷技术的快速和连贯性有着明显的矛盾。因此,它对当前进一步提高教学质量产生十分不利的影响。本书就学校跳跃投掷类田径运动的竞赛与裁判问题进行了系统而深入的阐述,体例科学,内容全面,具有很强的系统性、实用性、实践性和指导性。

5.《体操运动竞赛》

竞技性体操包括竞技体操、艺术体操、健美操、技巧、蹦床五项运动。其中,竞技体操男子项目有自由体操、鞍马、吊环、跳马、双杠、单杠六项,女子项目有跳马、高低杠、平衡木、自由体操四项。本书就学校竞技体操运动的竞赛与裁判问题进行了系统而深入的阐述,体例科学,内容全面,具有很强的系统性、实用性、实践性和指导性。

6.《趣味球类竞赛》

学校体育运动的目的是调动学生活动的兴趣,提高学生参加体育运动和各种活动的积极性和参与率,让学生在运动中才能体会到参与的快乐。本书就学校趣味球类竞赛项目运动的竞赛与裁判问题进行了系统而深入的阐述,体例科学,内容全面,具有很强的系统性、实用性、实践性和指导性。

7.《水上运动竞赛》

水上运动包含五个项目:游泳,帆船,赛艇,皮划艇,水球。本书就学校水上运动的竞赛与裁判问题进行了系统而深入的阐述,体例科学,内容全面,具有很强的系统性、实用性、实践性和指导性。

8.《室内外运动竞赛》

室内运动栏目包括瑜伽、拉丁、肚皮舞、普拉提、健美操、踏板操、舍宾、跆拳道等,户外运动栏目包括攀岩登山,动感单车,潜水游泳,球类运动等。本书就学校室内外运动的竞赛与裁判问题进行了系统而深入的阐述,体例科学,内容全面,具有很强的系统性、实用性、实践性和指导性。

9.《冰雪运动竞赛》

冰雪运动主要包括冬季运动和轮滑运动训练、竞赛、医疗、科研、教学、健身、运动器材、冰雪旅游等。本书就学校冰雪运动的竞赛与裁判问题进行了系统而深入的阐述,体例科学,内容全面,具有很强的系统性、实用性、实践性和指导性。

10.《趣味运动竞赛》

趣味运动,是民间游戏的全新演绎,是集思广益的智慧创造,它的样式不同,内容各异。趣味运动会将"趣味"融于"团队"中,注重个人的奉献与集体的协作。随着中国经济文化的迅速发展,人们精神文化生活的丰富,趣味体育也有了更广阔的发展,成为一种新的时尚。本书就学校趣味运动的竞赛与裁判问题进行了系统而深入的阐述,体例科学,内容全面,具有很强的系统性、实用性、实践性和指导性。

11.《锻炼学生观察力的智力游戏策划》

发展观察力的游戏有"目测"、"寻找"、"发现"等。这些游戏可帮助学生加强观察的目的性、计划性,扩大观察范围,使孩子能更多、更清楚地感知事物。本书对锻炼学生观察力的智力游戏项目策划进行了系统而深入的阐述,体例科学,内容全面,具有很强的系统性、实用性、实践性和指导性。

12.《锻炼学生注意力的智力游戏策划》

注意力是儿童普遍存在的问题。他们在听课、做作业、看书、活动等事情上,往往不能集中注意力,也没有耐性。在人们的生活、学习和工作过程中,注意力起着非常重要的作用。有位教育专家说:注意力是学习的窗口,没有它,知识的阳光就照射不进来。本书对锻炼学生注意力的智力游戏项目策划进行了系统而深入的阐述,体例科学,内容全面,具有很强的系统性、实用性、实践性和指导性。

13.《锻炼学生记忆力的智力游戏策划》

记忆力游戏是一种主要依赖于个人记忆力来完成的单人或团体游戏。这类游戏的形式无论是现实或网络中都是非常多的,能否胜出本质上取决于个人的记忆力强弱,这也是一种心理学游戏。本书对锻炼学生记忆力的智力游戏项目策划进行了系统而深入的阐述,体例科学,内容全面,具有很强的系统性、实用性、实践性和指导性。

14.《锻炼学生思维力的智力游戏策划》

这是一本不可思议的挑战人类思维的奇书,全世界聪明人都在做。在这本书里,你会找到极其复杂的,也是非常简单的推理问题,让人迷惑不解的图形难题,需要横向思维的难题和由词语、数字组成的纵横字谜,以及大量的包含图片、词语或数字,或者三者兼有的难题,令你绞尽脑汁,晕头转向!现在,你需要的是一支铅笔和一个安静的角落,请尽情享受解题的乐趣吧!

15.《锻炼学生想象力的智力游戏策划》

学校的智力游戏活动主要是锻炼学生认识、理解客观事物并运用知识、经验等解决问题的能力,它是直接为学生提高学习能力而服务的,也是学生学习知识的实践运用,它不仅具有趣味性,更具有娱乐性。本书对锻炼学生想象力的智力游戏项目策划进行了系统而深入的阐述,体例科学,内容全面,具有很强的系统性、实用性、实践性和指导性。

16.《锻炼学生表达力的智力游戏策划》

语言表达能力是现代人才必备的基本素质之一。在现代社会,由于经济的迅猛发展,人们之间的交往日益频繁,语言表达能力的重要性也日益增强,好口才越来越被认为是现代人所应具有的必备能力。本书从大量的益智游戏中精选了一些能提高青少年记忆力的思维游戏,为广大读者提供一个检视自身思维结构,全面解码知识、融通知识、锻炼思维的自我训练平台。

17.《锻炼学生学习力的智力游戏策划》

学校的智力游戏活动主要是锻炼学生认识、理解客观事物并运用知识、经验等解决问题的能力,它是直接为学生提高学习能力而服务的,也是学生学习知识的实践运用,它不仅具有趣味性,更具有娱乐性。本书对锻炼学生学习力的智力游戏项目策划进行了系统而深入的阐述,在游戏中培养孩子的学习能力。体例科学,内容全面,具有很强的系统性、实用性、实践性和指导性。

18.《锻炼学生空间力的智力游戏策划》

学校的智力游戏活动主要是锻炼学生认识、理解客观事物并运用知识、经验等解决问题的能力,它是直接为学生提高学习能力而服务的,也是学生学习知识的实践运用,它不仅具有趣味性,更具有娱乐性。本书对锻炼学生空间力的智力游戏项目策划进行了系统而深入的阐述,体例科学,内容全面,具有很强的系统性、实用性、实践性和指导性。

19.《锻炼学生实践力的智力游戏策划》

社会实践即通常意义上的假期实习,对于在校大学生具有加深对本专业的了解、确认适合的职业、为向职场过渡做准备、增强就业竞争优势等多方面意义。也有些学生希望趁暑假打份零工,积攒一份私房钱。本书对社会锻炼学生实践力的智力游戏项目策划进行了系统而深入的阐述,体例科学,内容全面,具有很强的系统性、实用性、实践性和指导性。

20.《锻炼学生创造力的智力游戏策划》

本书对创造能力的培养进行研究,包括创造力的认识误区、创造力生成的基本理论、创造力的提升、管理者应具备的技能等,同时针对学生设计的游戏形式来进行创造力的训练。其实,想要激发孩子的创造力,你不必在家里放上昂贵的玩具和娱乐设施。一些简单的活动,比如和宝宝玩拍手游戏,或者和孩子一起编故事,所有这些都能让孩子进入有创意的世界。本书对锻炼学生创造力的智力游戏项目策划进行了系统而深入的阐述,体例科学,内容全面,具有很强的系统性、实用性、实践性和指导性。

由于时间、经验的关系,本书在编写等方面,必定存在不足和错误之处,衷心希望各界读者、一线教师及教育界人士批评指正。

编者

目　录

第一章

跑步运动概述

1. 跑步的益处

跑步是简单而不需要复杂技术的运动，装备简单且便宜。一双合适的跑鞋可以让你跑到群山环绕的绿野，只要你有兴趣也可以让你跑上 24 小时。

20 世纪 60 年代，美国开始跑步风潮，影响所及，晚近几任美国总统莫不都以慢跑健身，布什总统每周进行三次的 7～10 公里慢跑，即使在下雪的冬天也不例外。著名的纽约马拉松赛曾创下参赛者十万人的纪录，在美国各地社区公园都可以轻易地发现男女老少都将慢跑活动变成生活的一部分。为什么在各式运动都很蓬勃发展的美国，跑步会如此的普遍呢？

在生理上慢跑直接的益处是能增强心肺耐力与下肢肌力。心肺耐力增强之后，快走与上楼梯不再大喘气，精神也不再萎靡，每天都会感觉精力充沛。科学研究结果表明慢跑对于降低胆固醇，血脂肪指数有直接的关联。许多人开始慢跑之后发现一些慢性病如胆固醇过高，三酸甘油，脂肪过高，尿酸过高等毛病都有显著的改善。

腿部肌力增强之后，走路有力，能健步前进，给人有精神奕奕的感觉。自己也显得有自信。因为，其实慢跑的人并不是在跟别人比赛，是跟自己的挑战。你可以发现你每天都在破自己的纪录，也许更快，也许更远。心理学家认为有些人在慢跑时抛开繁琐的人际关系而独处一段时间是有益心理健康的；另外有些人平常独立工作，但与三五好友一起跑步，能倾诉心事，让心理发展更平衡。运动心理的研究者更发现，跑步的人们能因每天完成自己的目标而得到成就感，累计这些成就感会让跑者更有自信心。

事实证明，人们一长到 30 岁，身体循环速度就变慢了。明明和 20 岁时吃同样分量的饭，可是不知不觉中就胖起来了。跑步可以再度加快身体的循环速度，消耗能量，再加上重量训练让肌肉变结实，两者配合之下，每人的体重一定可以下降到标准范围。

跑步是心脏血管保健有效的运动。一周四天，每次 30 分钟的跑步是心脏血管保健最有效的手段。跑步是最方便的有氧运动，不管居家或旅行，你都可以很方便地进行跑步，不必找健康俱乐部或需要昂贵的设备。跑步是低消费的运动只需要跑鞋，合适的运动服即可。跑步是减轻压力最好的方法，30 分钟的跑步是减轻压力最神奇的手段。任何良好的体重控制办法中都有跑步项目跑步能迅速燃烧卡路里。

跑步是深具弹性的运动你可以用自己的速度跑，可以单独跑，可以在一天当中任何时间运动。跑步让你觉得愉快，通过跑步你会得到自信，健康而且精神饱满。能和世界级选手一起同场竞技你无法参与 NBA 或奥运，可是每次路跑赛，你可以和高手一起跑。如果你幸运的话，说不定可以和地球上跑得最快的人跑在一起呢！

慢跑属于典型的有氧运动，基本上是相当安全的，但仍要依照个人的健康情形及体能状况予以适度控制运动量，如果身体已有某些疾病或生理障碍，则更须小心谨慎，千万不可勉强自己从事过度激烈的训练或比赛，否则可能会使病情恶化或引发其它伤害，造成永久性的功能障碍。

一般而言，慢跑是一种入门容易且老少咸宜的运动，大部分人都可循序渐进顺利加入慢跑运动的行列，成为"爱跑一族"，要注意的是，若身体有以下情况者，除非经过专业医师特别指示同意，均不宜从事慢跑运动。

1. 患有急性感染尚未痊愈者：如感冒，支气管炎，肺炎，尿道

炎，膀胱炎等。

2. 患有尚未能有效治疗控制的糖尿病，黄疸，肾脏病及癫痫症等疾病。

3. 患有严重的心肺功能障碍。

4. 曾接受开心手术，头部或脊椎手术。

5. 患有疝气尚未修补。

6. 患有先天性运动器官异常：如肌肉，骨骼及关节等异常。

7. 患有严重足部运动伤害等宿疾尚未痊愈。

8. 妇女怀孕初期者。

2. 跑步的体适能

体适能是指身体适应环境的能力。本质上它综合身体的心脏，肺脏，血管，循环，肌群的运作能力，目标是身体能完成每日工作而且不会感觉劳累，然后还有能力应付紧急状况。

换言之，举一个体适能足够的上班族女性为例，她不仅体力上能应付一天的工作，不至于下班就有累垮的感觉，还有能力对付诸如跑步，赶公车或者搬台电脑送修的状况，而不至于腰酸背痛。

体适能分竞技体适能和健康体适能。前者强调与运动相关的体能包括速度，反应能力，敏捷性与协调能力，是运动选手要追求的体能目标；后者，则是非专业运动选手的一般人要拥有的体适能。美国运动医学会定义体适能的构成有四要素：

1. 心肺适能，心脏输送血液和氧气到全身的能力；

2. 肌肉适能，肌肉的力量与耐力；

3. 身体柔软度，身体能无碍的活动关节的能力；

4. 身体组成成分，脂肪占体重的百分比。

所以，再举上述的体适能足够的上班族女性为例，因为肌肉力量足够所以搬电脑也许只有用到她四成的力量，而一个不运动且体适能不足的女性也许需要用到十成的力量，后者当然会觉得疲惫。因为柔软度不足也许搬电脑过程当中，因关节活动力差而有闪到腰的现象。如果她又体重过重，那么因脂肪层厚，运动时身体散热慢，于是会稍微动一下就浑身大汗，容易喘气，容易疲惫也容易患有与肥胖相关的慢性病如高血压，糖尿病和心脏病。

跑步运动可以在健康体适能当中扮演的角色如何呢？让我们逐项的检查。

1. 就心肺适能而言，跑步是增进心肺适能的重要手段，其它的有氧运动也能达到培养心肺适能的效果。

2. 肌肉适能。跑步用到的下半身肌群对肌肉的力量与耐力均有效果。但是对上半身的肌群必须另有重量训练才足够。

3. 身体柔软度。单单只有跑步对身体柔软度没有帮助，除非在跑步运动过程当中有足够的伸展。

4. 身体组成成分。足够的跑步量能大大降低脂肪的比例，大部分的跑步者身型都属消瘦型是明证。

3. 跑步竞赛的种类

跑步竞赛的种类，可以初分为田径场内的径赛与田径场外的路跑赛两大类。前者包括 *100* 米，*200* 米，*400* 米，*800* 米等的短距离竞速赛，中距离的比赛是 1500 公尺以上的竞赛，有 3000 障碍和 5000 公尺，最长距离是一万米赛事。

田径场外的路跑赛依竞赛距离分为三类：

第一类是一般性路跑，距离不定，可能是 3 公里或 5 公里，常见的是 10 公里赛。比较长的是半程马拉松 21 公里。

第二类是马拉松。有规定的距离 42.195 公里，正式的比赛应有合格的丈量员进行丈量，该赛事所创下的纪录才能为国际组织承认。因此只要名称是"马拉松"的比赛距离都是固定的 42.195 公里，并不因地形起伏或者路线弯曲而有所更动，这是承办比赛的人或者参赛者需要知道的运动常识。

第三类是超级马拉松。凡是距离超过标准的 42.195 公里马拉松的路跑赛就是超级马拉松。事实上它并没有规定的距离，南非所举行的国际驰名且历史悠久，路线还不是每年都相同的。

从一年到下一年就反方向。它的距离是不确定的。不过国际赛中比较常见的有 50 公里和 100 公里赛。后者已是国际大型赛会如大英国协运动会的正式项目。每年国际超级马拉松总会举办世界杯 100 公里锦标赛是超级马拉松界年度最大的盛事。

还有 100 英里，1000 公里和 1000 英里赛。100 公里赛通常在较平的路线上举办，也许 10 公里一圈，也许 25 公里一圈不一定，由主办单位自行决定。1000 英里赛必须 10 天以上才完成，因此通常在公园里找一段路如 1 公里的路线绕圈或田径场上绕圈。

超级马拉松另外一类的竞赛方式是定时赛。常见的有 6、12、24、48 小时赛，其中 24 小时最常见。2001 年已经开始有国际锦标赛。最长的 6 天赛，参赛者在这 6 天当中每天就是跑步，睡觉和进食。路线通常以田径场上绕圈居多，也有在公园里找路线绕圈。

第三类是超级越野赛。理所当然它的距离超过 42.195 公里，而且

是不在已经铺好的路上跑。这类比赛和路跑赛在路线上的不同之处，是它路线设计上比较少重复，通常绕一大圈回终点。

特别是它因为路途长而且路线偏远，所以不会有路线标记，参赛者必须自己判别路线方向。为了安全和维持比赛的公平，路线上会设有若干个检查点，参赛者必须循规定的顺序通过检查点。另外比赛时参赛者必须自备补给品，但是因为如果带太多不利跑步，因此主办单位会在适当地点设补给站供选手补给。

超级越野赛的一项重要的精神是不得污染大自然。因此规则上严格规定不得丢垃圾，否则取消资格。连参赛者在路上出恭都有必须掩埋规定。

最出名的超级越野赛当推"萨哈拉沙漠大赛"和美国每年夏季的西部 100 英里赛。前者比赛五天，每天参赛者必须自行抵达检查点。在茫茫沙漠中是不会有路标的，参赛者必须忍受高温，进行长达 600 公里的超级赛。

西部 100 英里赛在美国西部的山区，通常一个夏季有连续 4 场 100 英里赛，路线在没有车子可以抵达的山上，参赛者必须从平地跑上终年积雪的山顶。

如果能在一年里连续在限时间内完成这四场赛事，参赛者会得到一个西部牛仔式的皮带扣环当纪念。赛前一两天就背负帐篷睡袋补给品等上山，架设补给站服务参赛者也当成一次露营活动。不少长跑爱好者每年带家人上山，让孩子亲近山野，也让他们亲眼目睹参赛者勇敢的挑战行为，从而拓宽孩子们的运动视野。

慢跑一直是我很喜欢的运动，我总爱披着淡黄泛蓝的余晖，一个人跑进大自然。我喜欢边跑边抬头，看夕阳的和蔼笑容，仰望云朵的千变万化，观看伫立道旁的树，和在草丛中探头探脑的小花小草打招呼，欣赏对面慢跑者的耐力与精神。问我为什么喜欢慢跑我只能说，

是慢跑最能让我振奋。

有人说："跑步是孤独的。"一点也不错。因为跑步时，只能听见耳际呼呼拂过的风声，政治的角逐斗争，世间纷乱扰攘，不复听见。然而从另一个角度来看，"万物静观皆自得"；你会发现，平常没去注意的东西，却一直都在身旁陪伴着你，其实自己并不孤独。每当跑步时，迎面扑来的凉风，丝丝渗入身体的每一个细胞，连混乱的脑袋，也被洗涤得一干二净。心情不好时，我可以乘着风，把烦恼全丢在脑后；心情好时，我也可以乘着风，带着快乐，飞驰在这恬静的黄昏。慢跑对于我，不只是运动，不只是享受，而是感动。

4. 跑步的心理准备

让运动成为融入日常生活的五步骤。著名的运动心理学者詹姆斯安妮西博士提出让运动成为融入日常生活的四步骤。

1. 寻找明确的动机。运动动机是维持恒常运动的成功关键。问自己目标是什么，当动机越具体而明确时，越容易成功地将运动变成日常生活的一部分。"减重"常是一个开始运动的目标，但是如此模糊的目标也许只能支持你运动持续两星期，因为目标不够具体。你确定动机是减重之后，还必须要更具体地提出明确的目标，如两个月减三公斤。

跑步的动机也许人人不同，有些人要减重，有些人是团体风气，为了要更融入团体，有些人的目标是参加马拉松，不管动机如何，每个人要询问自己"我的动机何在"因为跑步运动事实上是心理与生理各占一半的，许多人因为动机不明确，跑步一阵子后开始找借口不去练习，逐渐就不再跑步了。因此从事跑步之前先认清自己的动机，想清楚后时时提醒自己开始的动机，激励自己。

2. 设定目标。了解自己的动机之后要尽可能有远大的目标，但是设立短期而能轻松达到的目标是第二步。别急着设定太伟大的目标，像"我要跑进前10名"。对于大多数的跑者而言，设定"我今年要参加10场路跑赛"的目标比较好。在设定目标前，先审视一下自己的能力，别急着定下豪情壮志型的目标，记得要"短期，轻松达成"两原则。订定的目标必须能在短期内容易达成。不要只订定长期的目标，如"三年要瘦十公斤"。短期而容易达到的目标较容易执行且得到回馈，如果长期目标是"三年要瘦十公斤"，就将这长期时间计划分成若干个短期目标，如第一阶段是"三个月瘦两公斤"，如此明确的目标有助于严格地执行计划。

在设定目标的同时也要想好达成目标时给自己的奖励，奖励也许是"买橱窗里那套漂亮的衣服"，也许是"买一双好运动鞋"，或者一趟旅行。如此不但看得见目标也清楚达到目标后的好处，能激励自己执行运动计划。

把跑步当成生活的一部分是跑者的终极目标，绝大多数的跑者把跑步当成一辈子的事，有耐心的逐步将跑步融入生活。进而影响周遭的人，让他们也能认识跑步，也激励他们的热情，想去欣赏比赛，甚至条件许可之下也能开始跑步。

3. 计划与执行。配合自己的生活作息找出运动时间并告知周遭的人如家人，同事或朋友。接着选择自己喜欢的且运动能力所及的运动项目。选择的运动项目必须能配合你的目标。例如，假如你是网球的初学者，你的目标又是减重，那么打网球只能占你运动时间的一小部分，因为网球运动对初学者而言并不是有氧运动，无助于消耗更多的热量。

4. 纪录。运动后保持纪录的习惯是许多成功者的秘诀。纪录运动内容有助于在一段时间后检讨运动的内容，进而提升运动内容的品质。作纪录时还要加上运动时的心得，这些感受会让你更贴近运动。有了运动纪录，教练也容易帮助你拟定下一阶段的运动处方。

5. 奖励。达到短期目标后一定要给自己奖赏。达到设定的目标后记得给自己奖励一番，也许是买下昂贵的运动手表，或者带全家人上馆子吃顿大餐。因为这份成就感正是你订定下一个短期目标的动力。

养成运动习惯的三要素：知识，技术，愿望。

从认知着手并养成吸收新运动知识的习惯。现今资讯发达，一般人很容易从网际网路，杂志和书本中得到健身营养资讯，你了解越多的资讯，你越知道健身的重要性和了解如何进行。

培养运动技术。拥有该项运动的基本技巧能让你迅速登堂入室，能早日享受运动并避免发生运动伤害。跑步的运动技术，要求相对于其它技巧性运动如网球和高尔夫球来得少。

明确而可以达成的愿望。要有明确的动机和短期可以实践的目标就是愿望。有了愿望才能驱使你有恒心地继续运动下去。

5. 跑步的装备

1. 鞋子的种类。鞋架上常见的鞋子有有氧舞蹈鞋，多功能鞋，篮球鞋，排球鞋等。跑步鞋的共同特征是短统。又分成三大类：练习鞋，越野鞋，马拉松比赛鞋。

练习鞋一般称为慢跑鞋，特征是大多有气垫或厚的鞋底来吸收脚步着地时的震力。前头设计圆形护垫，方便让脚尖后蹬。因为练习鞋的气垫有吸震作用，平常练习时应穿着练习鞋，避免运动造成的伤害。

马拉松比赛鞋特征是鞋底很薄。整双鞋子很轻，鞋底薄是让跑者比赛时能感受到路面的凹凸，以便让身体迅速做出反应。因此，马拉松比赛鞋对跑者的足部的保护相对地减少。比赛鞋因为鞋底薄，比赛几次后发现鞋底磨歪就该淘汰了。

越野鞋最大的不同在鞋底。为了适应不同地形，鞋底设计的纹路必须具有抓地力，能让跑者在湿滑的地面前进。品质较好的越野鞋材质会使用能迅速排水的质料，以便跑者通过水洼或涉水后，不致因鞋子吸水变重而妨碍前进。

跑鞋不便宜，但是却常见跑者平日练习时就穿着昂贵的马拉松比赛鞋，既不经济也容易因累积震力而受伤。因为研究发现跑者每跨一步，膝盖承受的力量是体重的6倍。

价格贵的鞋子不一定适合自己，但是价格便宜的仿制鞋子确实已经使不少人因运动伤害而不能再享受跑步的乐趣。

2. 跑鞋的功能。跑鞋的功能分两大类：避震和矫正。前者主要是设计来吸取脚步着地时的震力，希望能减少对身体尤其是足部和膝盖的冲击。这类鞋子的特征是足跟部分较厚，如果体型较大且体重较重的人，必须选购这类具吸震功能的鞋子；后者是想矫正跑步时着地一刹那脚板的偏向。

大部分人跑步时其实不是以脚部外侧着地就是以内缘着地，穿着有矫正功能的鞋子能让脚步着地时平稳落地。这类鞋子的着地部位较宽。跑步着地时严重偏向的人必须选购这种鞋子来矫正偏向。

慢跑鞋至少需有这两项功能的一种，不少慢跑鞋兼具两种功能，因而鞋子较重而且体型较大。但是比赛鞋就不特别提供这两项功能，比赛鞋首要设计在材质，良好材质的鞋子不易因跑步摩擦产生高热，有些甚至有散热效果。

3. 鞋子的选择。选购鞋子时先看自己的脚型。第一看脚底足弓是高足弓，一般型还是低足弓型（俗称扁平足）。高足弓的人穿着的是低足弓（鞋底是平的）的鞋子容易疲累；相反的扁平足的人穿高足弓的鞋子跑一段路后脚底足弓就会疼动。要知道自己的脚属于哪一类型，请使用书后所附的马粪纸，把脚浸湿后印在纸上观察就很清楚。第二要检查的是脚背宽度，整支脚底必须完全能在平贴在垫子上。

4. 购鞋提示。认清楚要采购的鞋子种类；认清楚要采购的鞋子的功能；至少花半小时在试穿；晚上去买鞋，因为经过一天的活动之后足部较大；带运动袜去试穿，再量一次尺寸；

脚指头必须在鞋子里能完全伸展开，然后鞋后根再能塞进一支笔大小就是你的鞋的尺寸。试穿后在店里走走，甚至跑一跑。如果在店里觉得不舒服，买回来跑步也一定不舒服。

5. 配件选择。

（1）衣服的选择。跑步时上衣的要求是吸汗和透气，一般棉质 T 恤衫就可以。目前知名运动品牌都推出具有能迅速排汗功能的衣服，大量流汗后不会粘在身上。裤子的选择标准是不妨碍抬腿，因此运动短裤与紧身裤是好选择，相对的有口袋设计的裤子就不恰当。

（2）袜子。袜子的首要功能是吸汗，其次是吸收震力，纯棉的袜子吸汗的效果最好，但是容易粘在脚上，所以大部分的袜子都混有尼龙类材质，棉成分较高的袜子较不易因摩擦产生高热。马拉松比赛专用的袜子功能是不会产生高热。稍有厚度的袜子即具避震效果，值得注意的是袜子在穿一段时间避震效果会变差，大部分的人会注意鞋子磨损的程度而忽略了袜子其实也有功能性。

（3）太阳眼镜。运动太阳眼镜有许多种，比较常见的是自由车用，滑雪用和路跑用三种。选择的标准首要是适合脸型，不会在跑步时上下跳动或流汗后镜架开始下滑。其次是跑者对于运动太阳眼镜过

滤光的感受。上等的太阳眼镜戴上后会令人感觉舒服与凉快。因此选购时不能单看外型，必须试戴试跑，也必须在自然光线下试戴才准。

（4）手表。运动跑步手表的基本功能有三：一是计时功能，二是计圈功能，三是夜视功能。通常能计每圈时间的圈数越高价格越贵。其它较贵的附加功能还有：

①倒数计时。在操场练习时可以设定每回合或每圈完成的时间，时间终了前数秒会发出声音提醒跑者。

②配速功能。以发出哔声来配合每分钟脚步步数，在一段时间后会连续发出几分钟的哔声供跑者配速。

③测量心跳。高功能的手表搭配心跳测量器可以在手表中显示运动时的心跳。

（5）水壶。长距离的野外跑步需要自己携带水和补给品。简便型的水壶腰包跟一般的腰包不同之处是它有防止上下震荡的设计，还有空间放钱和简单食物。背包型的水壶较专业，可以携带两公升的水，伸出一条水管到前面，吸食较方便。

6. 跑步训练计划

跑步需要一双跑鞋、一件舒适的衣服，一份训练计划。如果你的努力程度太过于激进那你就会面对损伤的风险，你需要更符合你身体体特征的训练计划，才能让你的身体发生最有价值的反应。

无论你是什么年龄，什么运动水平。无论你是把跑步视为一种休闲运动还是心脏的康复锻炼或者是一位竞技体育运动员。我们的目标是帮助那些跑步者能够理解自己的身体体质情况，运动水平。如何帮助他们更有效率更科学地实现自己的个人健康、强身和比赛的目标，这里所说的关键词是个人使用心率表，让你的训练计划充满智慧，促进你尽快实现自己的训练目标。

心脏是我们人体最重要的组成部分。心脏的跳动情况持续提供我们身体对训练所作出的信息甚至是对运动的环境所作出的反应。你运动负荷的大小，你动用能量的快慢，天气的冷暖，很多的信息都通过这个数据显示出来。进行心率的监测允许你从精细的跑步训练计划中获益最多。它可以根据你的身体素质和运动水平尽快实现你的目标。

现在，你的训练计划是一份明智、精细、符合你身体情况的计划。让你从运动中获得快乐。我们可以为任何年龄、任何健康水平的人群从运动初级水平到运动的精英运动员进行个性化的运动处方设计并且提供必要的监督服务。

1. 目标与动机。我们的身体对运动训练会产生生物效应，我们要发展我们的耐力。换言之，我们要开发个性化的运动训练方案。为什么你要跑步？是为了看上去更健康？是感觉更好？是降低体重？是为了保持心脏更健康？是为了参加比赛？是为了提高运动水平？是为了有成功的快乐？我们写此文章的目的仅仅为了帮助你选择适当的跑步计划让你达到个人健康的目的。

同时，也帮助你理解如何达到精细的训练计划，一份符合你身体情况和运动水平的有心率表监测的训练计划。心率表为我们提供个性化的靶心率目标和根据个人体质的训练计划。心率表是居于你的独特体质情况和运动能力来设计训练计划的。它不同以往的传统训练方法。心率表评估你的训练是让你跑快还是跑慢。无论你是艰苦还是轻松的跑步，评估你的努力程度是重要的。

因为你的健康水平是与训练负荷的大小对你身体的刺激有关。当你的训练负荷逐渐提高你的心率逐渐达到 *60%* 到 *100%* 你的最大心率

水平。那么你的身体健康水平也会逐渐发生改变！例如：我们用不同的速度进行跑步，用你设定的 60% 的努力程度与用心率表测试的精确的 60% 的努力程度相比，这两种的效果是不同的。用心率表对训练进行的评估与监测使运动的精细成为可能。

过去我们不能够在运动的过程中间停顿下来测试自己的心跳次数，现在有了心率表这一切都能够得到轻松实现。通过心率表测试心跳的次数可以反映我们训练计划的精细结构，这就是我们向每一位运动员推荐心率表的原因。过去很多人认为体育和训练计划是对那些在体育院校的学生和运动的精英所拥有。

随着人们收入水平的不断提高，对健康概念的理解逐渐成熟，现在越来越多的人想有自己的私人教练。人们意识到运动对任何人都有益。保持心脏的良好功能是维持健康的重要因素之一。心脏由心肌组成，它对训练会产生生物反馈，尤其是心脏接受规律的体育锻炼时心脏的功能得到强化与提高。

运动可以帮助我们降低体重，维持健康的外表，赢得比赛的胜利。不同的目标和努力的水平参差不齐只要坚持有规律的体育锻炼就能够得到回报。心率表是安全的有效地帮助我们实现自己的目标。在我们运动之前应该设计一个自己的目标，认真学习心率表的正确使用方法。

2. 选择挑战性的合理目标。我们的工作宗旨是让每一个跑步爱好者在运动的过程中不要遭遇疼痛与折磨。我们常常被问到这样的问题：

（1）什么是降体重的最佳运动方式？

（2）怎样运动让我更健康更有活力？

（3）如何锻炼可以获得一个健康的心脏？

（4）如何运动让我更有精神？

（5）这样做才能让我跑完 10 公里和马拉松而我的脸上始终面带微笑？

（6）如何赢得奥运会的 5 公里奖牌。根据我们推荐的方法认真去做运动员可以完成 1 到 3 个上述的问题。

①如何维持健康和保持有吸引力的外表？

②如何维持有健康的心脏？

③如何让运动员通过训练达到运动巅峰状态？

不同的身体水平和训练状态达到的目标是不同的，例如：跑 10 公里要有好的成绩不付出艰苦的努力是不可能的。采用靶心率的训练方法可以逐渐达到训练设计的目标。如何确认你的艰苦努力如何帮助你达到训练要求？我们向你推荐的心率表的精确监督可以帮助你获得预先设计的目标。把你自己的最大心率水平分割为不同的水平层次，与你的总目标的完成计划相对应。这样就会让你的训练效益最佳化。

训练的靶心率区域：50～60% 轻松的小强度。例如：日常活动。60～70% 小到中等强度。如：进行体重的控制训练。70～85% 中等强度。运用在改善体质水平。85～100% 高强度训练，为比赛而进行的训练。

你跑步的目标是什么？你是如何针对自己的体质情况来安排训练和设计训练目标？根据目标来设计训练计划。是为了体重的管理，好看的外表，你需要进行 60% 到 70% 的最大心率。这个靶心率对降体重和控制体重是最有效的。这种运动是中等强度的训练。你按照这样的方法就可以获得一个健康的心脏。

此外，作为一个竞技跑步的运动员这样的训练可以逐步增加心脏的耐力水平。耐力能够让你完成这个训练计划，无论是怎样的缓慢，只要不是走路水平，这是十分容易的，是一种有氧的跑步形式。只要认真去执行运动计划，你会亲身感受这种运动的稳定状态，耐力水平逐渐提高。而不是跳跃式，你会感觉轻松和容易。为了获得一个健康强壮的心脏进行的训练是有氧运动。如果你的目标是充分发展一个强

壮的心脏，健康的身体，好看的外表，需要更多的努力。

训练的心率要求是70%到80%的最大心率，这个区域的心率是努力发展血液循环系统，增加心脏的血液循环能力，发展更多的毛细血管供应给心肌和肌肉。对于竞技运动员而言需要更好的耐力。针对运动能力来设计训练计划。尽情享受运动所带来的快乐！快乐比竞赛更重要。设计训练计划是寻找一个适合自己的靶心率有效的训练。

这种轻松的跑步形式可以替代每周几次辛苦的有氧健身方式，如果这样的训练方案是与你的潜能极限相匹配的，那么，应该增加训练的最大心率的80%和100%来作为训练的靶心率。当你经过一定时间的训练后，你获得这样健康的心率水平，这样的水平就意味着你充分拥有较快的速度，耐力，持久力，让心脏的跳动获得节能化，次数少而泵出的供血更多。

当你达到你自己预期设计的目标，或者与你预先设计的对手几乎同时抵达终线，那这样的训练已经完成推动你达到运动巅峰状态的目的。那你就选择一个适合你训练的地方，开始你100%的付出努力与你的具体体质特点一致的训练计划吧。

3. 你的安静状态的心率。请连续在五天清晨醒来时数自己一分钟的心跳次数。求平均数就可以，如果你拥有一块心率表获得安静的心率更精确。现在你应该明白如何决定你自己的特殊训练心率，如何在心率表的监督下加速你的训练计划的进程，这些都是十分重要的信息。

如果，你的训练计划是每天跑步，心率要求是60%到70%的最大心率水平。那你的心率应该是多少呢？答案是：最好每分钟心率140次到150次，如果有人与你的年龄相同进行上述的训练强度运动，而他的心率仅仅是135次/分钟，（或许更低），这是为什么呢？这就说明他的健康水平比你的好，他的心脏获得节能化的能力，所以，心率比你的慢。

心率表的使用免去过多的计算程序，获得的心率是精确的，采用心率表监测训练的强度可以说是准确和高效的。计算你的训练心率必须知道两件事情：（1）安静（休息状态）的心率数。（2）你的最大心率，真实的或者预测的心率。这些数据对初学者或是老运动员都是有益的。安静的心率是健康水平的指标，如果你的身体健康处在良好的状态，那么你的心跳次数较少，不需要更多的能量就能够满足身体对血液的需求。要求连续五天测试安静的心率，相加除5就得到平均数。

如何决定你的最大心率数？什么是累死在终点线的最大心率数？用两种方法可以测得。

①通过心血管专家或者训练室的技师测试获得；②通过预测的方法获得。

通过心血管专家或者训练室的技师测试获得。必须借助临床的测试设备获得，即进行运动活动平板对你的心血管测试。这是最精确的方法。这些专业人员他们懂得如何控制你对压力测试。或者是在有经验的教练和老练的生理学家的监督下进行测试心血管的耐力实验即计时实验。对一些人而言，有5%到10%的人群会比预测心率数高或者低12到24次每分钟，这样的测试会有一些费用的产生。

第二种预测最大心率的方法，大多数成年人都可以通过慢跑的形式来发现预测到运动员自己的最大心跳或者说运动员适应训练的心率。而我们向你推荐的心率表就能够十分准确的测试你的最大心率。使用公式计算最大心率的方法（220～年龄）不适用于老年人和患慢性疾病的人群。

4. 跑步训练的计划。无论是一份艰苦或是轻松的训练计划，必须要遵循四个基本原则：

（1）你训练的艰苦程度？

（2）你要跑多长的距离？

（3）你多久跑一次？

（4）你要进行的运动是什么形式？

为满足这些条件，有三种训练方案：轻松跑、中等强度跑、艰苦的跑。用靶心率来测量。

轻松的跑对应的心率为60%到75%；中等强度的跑对应的心率为75%到85%，艰苦的靶心率为85%到95%，跑步的距离、速度和努力程度都混在各种不同的训练形式中。进行训练的运动员要明白你这次课的目的是进行什么样的训练，要求不同训练的程度也不同。在一个高强度的训练日后必须跟一个轻松的训练日，这样让你的体力获得恢复，否则，你将面临运动损伤的风险和更多的压力刺激。也会导致运动性疾病的产生。

如何设计每周的科学训练计划呢，让它符合精确的训练计划？如果你已经有一定的运动基础，在你阅读几份不同的训练计划后，你会发现有一份计划与你的体质水平相对应。如果你试用后自己感觉太难了，就把难度降低，如你自己感觉太容易，就增加难度。

记住：训练的原则是循序渐进，尽可能减少运动损伤的发生率。遵循这样的方法和原则，让你从一个目标到下一个新的目标。使你自己适应训练的内容和时间表，让你的食宿安排符合你的个性的要求。请遵循难易交叉的原则，避免中等和高强度链接在一起训练计划，在艰苦训练之后，应该安排轻松的训练，以便获得好的恢复。训练的强度与量应该是逐渐增加，你可以通过改变训练的时间或者训练的强度来改变训练负荷。减低你的靶心率要求也是不错的选择。注意身体对训练的回应，个人的感受是调节训练的最好尺度，在训练结束后，请注意对心率表的维护工作，延长表的寿命。训练课后，应该养成与人交流和对话的习惯。目的是修正错误的想法和动作，提高训练的效果。

5. 为实现目标的精细训练计划。为了获得健康的外表和控制体重

的训练方法，本训练计划是为了那些控制体重的人群而设计。或者是为了那些需要调整目前健康状态，使之更健康的人群而作。还为了那些初涉跑步运动的人群而作，刚开始的时候，要求运动员从每周跑步1到2次，逐渐发展到每周3到5次跑步。

缓慢轻松的短跑训练。星期一、三、五：进行一些轻松的短距离跑步，确保有恢复和最小的损伤风险。时间是新手短时间，老运动员跑长时间。训练的靶心率要求：慢跑为20到30分钟，60%到70%的最大心率，请计算出你自己的心率是多少？请不要担心你的训练的节奏。

把你的心跳次数放置在靶心率的范围内，不要高于也不要低于过多的数。在靶心率的基线上允许略微上下浮动。运动结束后，请注意进行整理活动，进行肌肉的拉伸活动，尤其是下肢的肌肉。在运动后的段时间里肌肉可能会出现短时间的发紧，注意对肌肉的充分拉伸活动，避免慢性的柔韧性的改变。轻松的节奏作为运动的开始，就好比运动前的热身活动，在慢跑之前拉伸冷的肌肉，他带来的好处不亚于慢跑的益处。训练后，你可以根据你自己的感觉来决定是否休息一天！或者放弃下次的训练日。

6. 缓慢中等强度的跑步训练。星期二、四：这是比先前的跑步强度高的训练，你要做好准备比以前跑更长的距离，消耗更多的热量。跑步时间30到50分钟，60%到70%的努力程度。你自己的靶心率应该是多少呢？算出来，并且记录下来。运动结束后，不要忘记肌肉的拉伸活动，这是常规的要求，坚持这样做。

7. 艰苦快速的跑步训练。法特莱克训练法（一种加速和慢跑交替的训练方法）。

（1）星期六：这种特殊的训练是对一周来的艰苦训练的奖励。你可能跑的更快而不觉得累。你不感觉到累是因为你到达靶心率的上限

就停止跑步。

（2）然后，你可以慢跑或者快走，只要你喜欢的方式都行，目的是让心率很快降低到靶心率的范围。然后，又快跑起来，用60%的努力程度。整个的训练要求法特莱克训练法采用60%到75%的靶心率，距离为1到2公里。

一定要记录你自己的靶心率的范围是多少到多少？法特莱克是瑞典语快跑的意思。你被要求这样做，改变快跑的速度，高到75%的最大心率，低到60%的最大心率，在这个范围浮动。这样训练的目的是不断改变节奏，强迫运动员加大关节活动的范围。

星期日：这是本周最长距离的跑步。没有什么精彩之说，只有孤独艰苦的跑步，大约跑45到60分钟，采用60%到70%的努力程度。靶心率的范围在什么到什么的范围呢？你自己计算。一定要确保训练之后的肌肉拉伸，我们向你推荐的是一周的训练计划。

8. 有氧训练计划。本计划是针对那些欲获得健康心脏和好心血管功能的跑步者或者正在为参加某比赛而准备的人。你将接受每周五天的训练，强度会稍高。要求也会更高。但注意在训练结束后，一定有整理活动和肌肉的拉伸。

9. 缓慢轻松的短跑训练。星期一、三、五。这些训练是轻松的训练，为了获得好的恢复。跑步20到40分钟，用60%到70%的努力程度。你的自己的靶心率应该是从多少到多少呢？采用轻松的慢跑是为了让你的身体逐渐适应训练对你的心血管和骨骼肌肉的刺激，不要担心这种节奏过慢，关键是你自己的身体要适应训练负荷。

10. 艰苦的快的短跑训练。法特莱克训练法（一种加速和慢跑交替的训练方法）（1）时间是星期二、星期四。这些方案的设计是为了发展你的无氧能力，提高无氧的水平。（2）法特莱克训练法的要求与上面的要求一致，用60%的努力程度慢跑一公里。然后，2到3公里

的法特莱克跑步，用70%到85%的努力程度，自己计算这样的靶心率应该是每分钟多少的心跳次数。

11. 稳定的中等速度的跑步训练。时间是星期六。这次训练从心理上作好享受稳定状态的跑步吧，在进行这种训练时没有教练在场，没有人监督训练的过程。用60%的努力程度进行热身活动，然后，稳定的用75%到80%的努力程度跑步20到30分钟。那你自己的靶心率应该是多少到多少呢？这种节奏对你而言也许是舒适的，你的呼吸与你对氧气的消耗匹配，但是，你也许会发现心率总是逼近最大靶心率的上限水平。

12. 艰苦的长距离跑步。时间是星期日。节奏与上面的类似，热身后，慢跑45到60分钟，用60%到70%的努力程度。你自己的靶心率应该是多少到多少呢？一定不要忘记训练结束后的肌肉拉伸活动。如果遵循这样的训练方法来准备公路赛你会获得好的优势。在进行10公里赛跑的前3公里的距离跑时，用80%到85%的努力程度跑是经典的要求，每周要求进行这样的跑步两次，无论是为了比赛还是你自己健身。你可能在结束的时候速度会慢些，但是，不要太慢，这样的训练模式逐渐代替轻松的训练内容。

13. 竞技运动员的跑步训练计划。竞技运动员犹如金字塔的顶尖，这些训练方法有助挖掘你的潜力，作为竞技运动员的训练计划必须是训练为比赛服务，详细的比赛时间来决定训练计划的周期的安排。

14. 缓慢轻松的短跑训练。时间是星期一、三、五。这些训练是轻松的关键是必须有恢复，烧脂肪的跑步是为了让你吃进去的炭水化合物转变葡萄糖储存在肌肉里。因此，运动的速度不要快，日本马拉松运动员在昆明高原训练时间的有氧跑速度仅仅是比走路速度稍快。这种训练有助糖的储存和心脏肌肉里的毛细血管的产生与发育。这样的训练激发和促进你成为一名竞技运动员。

　　但是，训练的好坏影响因素众多，在训练结束后，应该有肌肉的拉伸和跨大步的动作，帮助你恢复状态。请培养自己写训练日记的习惯，记录的数据对训练的改善与修正有帮助。由于训练的原因，你要学会牺牲一些不必要的应酬。丰盛的晚宴食物和通宵的狂欢无助体能的提供，写训练计划的习惯有助你充分挖掘你自己的潜能，在每个季节或者训练的周期必须达到预先制定的目的。

　　训练计划的制定包括训练的内容，比赛的安排，可能发生的困难和解决的方案，从生理和心率上做好应对的措施，考虑的越充分，你的心态就越稳定。细节决定成功！竞技运动员的训练计划有极大的个性化的问题，在实践中要考虑身体对训练的反应，决定次日或者训练计划的调整与修改。

　　15. 慢的轻松跑。安排在星期一，三、五。在低强度的慢跑及时为了有很好的恢复问题，脂肪的燃烧与低强度的慢跑主要是为了摄入的热量转变为血糖，存储在肌肉和肝组织。在需要血糖的时候，及时的动用血糖作为能量的直接提供物质。

　　16. 间歇训练跑的方法。时间是星期二。这种训练模式不能够替代传统的间歇训练模式，先要慢跑热身，然后，准备进行高速度的跑步训练。注意肌肉拉伸和跨大步的拉伸。用90%到95%的努力程度进行10到12次的400米跑步，在每次重复跑的间歇是200米的慢跑最为恢复。恢复的时候让心率降低到70%的最大心率，当心率减低到70%的时候，开始新的重复跑400米。

　　17. 艰苦的快速跑步训练。用法特莱克训练法，时间是星期四。如果你计划在下周的星期六有比赛。那你的训练将减半。热身后，跑2到3公里的小山丘，用法特莱克训练法，靶心率要求70%到85%。你自己计算靶心率是多少呢？把距离缩短，让你的跑步幅度最大，肌肉充分拉伸，在跑山丘时心率达到85%的最大心率。

　　轻松的跑安排在星期日：保持轻松的慢节奏跑步，然后，维持这样的节奏进行耐力跑，不要再增加速度。按照这样的节奏间隔一周跑一次。如果昨天你进行过比赛，那就跑一半的距离，有助你的身体恢复。用60%到65%的独立程度进行30到60分钟的轻松跑，你自己算算你的心率是多少？在结束后应该进行肌肉的拉伸和跨大步的拉伸动作。在训练的过程中和结束后让训练有所不同，保持训练的新鲜感觉是激发下次训练的动机。

第二章

跑步运动规则

在田径运动会中，所有赛跑项目（包括跨栏及接力跑），都属于径赛项目。参赛者的名次，决定于其身体躯干（有别于头、颈、臂、腿、手或足）抵达终点内侧的垂直线为止时的顺序。径赛成绩相同而影响进入下一赛次时，若情况许可，均予以取录，否则应予重赛。在决赛中成绩同是第一，总裁判有权决定是否重赛，若认为毋须重赛，则维持赛果；至于其他名次，就算成绩相同，亦毋须重赛。

1. 短跑及中、长跑

在国际赛事中，所有 400 米或 400 以下的径赛项目，必须采用蹲踞式起跑及使用起跑器。在‘各就位’及‘预备’口令之后，参赛者应马上完成有关动作，任何参赛者不能在合理时间内完成有关动作，则属起跑犯规。除此以外，在‘各就位’后，以声音或动作扰乱他人，得判以起跑犯规。在枪声响起前有任何起跑动作，亦属起跑犯规。对起跑犯规的参赛者，发令员应予以警告，再犯则取消其参赛资格（此例不适用于男子十项全能及女子七项全能比赛）。

400 米以上的竞赛项目，口令只有‘各就位’，当所有参赛者均准备妥当及静止后，便可鸣枪开始比赛。

在划分线道进行的径赛项目或其部分中，参赛者不得越出其指定的赛道，否则会被取消资格。在任何径赛项目中，若冲撞、突然切入或阻碍其他参赛者，亦会被取消资格。反过来说，若任何参赛者被推或迫离指定的赛道，只要未获得实际利益，不必取消其参赛资格。同样情况，任何参赛者在直道中越出其跑道或在弯道中越出其跑道之外侧，只要没有得益及未有阻碍他人，亦不算犯规。

2. 分轮和分组

比赛被分成两轮、三轮或者四轮进行，主要依据参赛者数目而定。每组比赛的前两名赛跑运动员可以进入下一轮比赛，在很多比赛项目中小组第三也可以出线。预备赛采用交叉排序法排定分组的结果，这种方法规定按成绩排名将排名靠前的运动员平均分配到不同的小组中去。成绩排名是根据运动员在上赛季的最好成绩排出的。在其后的各轮比赛中，分组依据运动员在前一轮的比赛成绩。如果可能，相同国家运动员应该分到不同的组中去。

3. 跑道规则

运动员在所有短跑比赛、110 米跨栏和 4 乘 100 米接力赛中自始至终都必须在自己的跑道里。800 米和 4 乘 400 米接力赛起跑是在自己的跑道里，直到运动员通过标志可以串道的分离线才能离开自己的跑道。在小组第一轮比赛中，运动员被排在哪一个跑道上是由计算机自由排列出来的。其后的各轮比赛，跑道的选择依据运动员在上一轮的比赛成绩而定。这个规则的目标是让更优秀的运动员可以排在靠中间的跑道上，好的跑道是第 3、4、5、6 号跑道，它们应由排名前 4 位的运动员分别占据。第 1、2、7、8 道则由后 4 名占据。

4．起　跑

发令员的枪一响，赛跑就开始了。发令员首先要保证运动员的起跑姿势正确，然后喊一声"各就各位"和"预备"，最后发令枪响。如果由运动员抢跑发令员就会宣布起跑犯规。如果犯规的运动员再次抢跑就会被取消参赛资格。不过十项全能和七项全能规定三次犯规才取消资格。参加短跑比赛的运动员（从100米到400米）和接力赛的第一棒运动员都必须使用起跑器。800米以上的赛跑项目是站立式起跑，发令员只喊"各就各位"，然后就发枪。

5．获　胜

胜者是第一个身体触到终点线的运动员。如果两个运动员竞争进入下一轮的权利，在比赛中两人撞线时间相差少于千分之一秒则两人可以同时进入下一轮。如果时间差的测量实现不了，就由抽签决定谁进入下一轮。如果决赛中出现这样的情况，裁判可以安排两名运动员单独重新比赛一次，如果这样不可行就产生并列冠军。

6. 接力赛

在所有的接力赛中运动员必须在 20 米的交接棒区域里完成交接棒。完成交接棒后，运动员必须留在本队的跑道中直到各队交接棒全部完成，否则会被取消比赛资格。如果运动员在接力比赛中掉棒，只有他本人能将棒重新捡起。运动员可以离开自己的跑道捡棒但不能妨碍其他运动员的比赛。

风速助力

在短跑或跨栏比赛中如果顺风风速超过 2 米/秒（7.2 公里/秒）那么比赛创造的成绩就不能成为新的世界纪录。

环形跑道

环形跑道是椭圆形的，有 400 米长，内部划着跑道线。环形跑道内沿有 5 厘米高的边线，跑道线之间间距 1.22 米到 1.25 米。赛跑按逆时针方向进行，环形跑道从内向外依次是第 1 至 8 号跑道。

公路赛

悉尼奥运会的公路赛准备做一个改动。1996 年亚特兰大奥运会将女子 20 公里竞走比赛削减到 10 公里，而本届奥运会准备恢复到 20 公里。这一比赛项目被列入了比赛日程，日程中还有男子 20 公里竞走、50 公里竞走以及男子、女子马拉松比赛。马拉松和竞走项目与跑道项目不同，运动员只要在裁判的监督下可以离开赛跑路线，如果不在监督下离开就会失掉比赛资格。

起 跑

每个公路项目都是个人参赛并且不需要选拔赛。当发令员召集运动员到出发线以后，运动员可以在出发线上自由选择出发位置。发令院枪响以后比赛开始，任何人两次抢跑都会被罚失去比赛资格。

取 胜

谁的身体第一个触到终点线，谁就是比赛的第一名。

饮料站

任何公路赛的参赛者都可以得到场外帮助，但对此有严格的规定。在比赛的起点和终点都提供水和其他饮料，饮料站在比赛路线上每隔5公里设置一个。饮料放在运动员经过时很容易拿到的地方。运动员可以准备他们自己的用水，并且可以提议在他们要求的地方设置饮料站。饮用水和湿海绵提供站设置在两个饮料站之间。在那里长跑运动员和竞走运动员经过时可以取到饮用水，还可以从海绵中挤水冲洗头部，起到冷却作用。除了已经设置的站点之外，运动员不能从比赛线路上其他地方获得饮料。

第三章

短跑运动的竞赛

1. 短跑的起源与发展

根据记载，公元前七七六年，在希腊奥林匹克村举行的第一届古代奥林匹克运动会上就有了短跑比赛项目。当时跑的姿势是躯干前倾较大，大腿抬得很高，脚落地离重心较近，步幅较小的踏步式跑法。起跑是采用站立式姿势，并把大石块置于脚后，借推蹬巨石之力来加快起跑的速度。

一八八七年，开始采用蹲踞式起跑，一九二七年有了起跑器，但到一九三六年第十一届奥运会上才被正式采用。在这个阶段中，短跑技术有了很大的演变，由脚跟先着地改进为前脚掌着地，并形成了一种摆动式的跑法。由于短跑技术的改进，推动了短跑成绩的迅速提高。

一八九四年，创造了第一个 100 米的世界纪录，成绩为 11 秒 2，以后经过七十四年时间，于一九六八年创造了 9 秒 9 的世界纪录（电动计时的纪录是 9 秒 95）。200 米被列入比赛项目是在一九零零年的第二届奥运会，当时成绩为 22 秒 2，到一九六八年，经过六十八年，创造了 19 秒 83 的世界纪录（电动计时）。一八九六年第一届近代奥林匹克运动会上所创造的 400 米纪录是 54 秒 2，经过七十二年，到一九六八年创造出 43 秒 86 的世界纪录（电动计时）。

女子参加短跑比赛是从一九二八年第九届奥运会开始的，当时 100 米纪录是 12 秒 2，经过四十九年，到一九七七年创造了 10 秒 88 的世界纪录（电动计时）。女子 200 米比赛直到一九四八年第十四届奥运会才开始，经过了三十年，即到一九七八年提高到目前的 22 秒 06 的成绩（电动计时）。由于短跑运动水平的不断提高，也促进了其它田径运动项目的发展。

1936 年刘长春代表中国，参加了第 11 届奥运会，由于 28 天的海浪颠簸，体力消耗较大，而未能取得好的成绩。

自从一九五八年八一田径队短跑运动员以 10 秒 6 的成绩打破了保持二十五年之久的 10 秒 7 的旧纪录之后，我国男子短跑成绩有了大幅度的提高。在短短几年内，四川选手又以 10 秒整的优异成绩（手记时）平了当时的 100 米世界纪录，轰动了世界体坛，为伟大的社会主义祖国争得了荣誉。而目前的 100 米世界纪录是 9 秒 58（博尔特），全国纪录为 10 秒 17。

短跑是用最快的速度跑完规定的距离，比赛项目有 100 米、200 米、400 米，少年还有 60 米。短跑是人体运动器官和内脏器官在大量缺氧的条件下完成最大强度的工作，属于极限强度的运动。短跑能有效地发展速度素质，因此，它是田径运动的基础项目，而且在其它运动项目的训练中也占有重要的地位。

短跑技术是一个不可分割的完整体，为了便于分析，可把它分为起跑和起跑后的加速跑、途中跑及终点跑三部分。

2. 短距离跑的技术

短距离跑简介

短距离指 400 米以下的距离。它的比赛项目包括 50、60、100、200、400 米跑，有些国家还举行 100、220、440 码跑的比赛。

快速短跑时，人体生理负荷很大，供能属于无氧代谢。练习短跑对内脏、神经和肌肉系统都有很大的锻炼作用，对发展速度、力量、灵巧等素质有明显效果。短跑是田径运动的基础项目，它在其它运动项目的训练中也占有重要的地位。

50 米短跑

1. 50 米短跑规则。 对于 50 米短跑来说没什么必要保留自己的什么实力，而是从起跑一直爆发自己全部的力量来完成。1、2、3 数字是选手的跑道分别，每人有每人的跑道，不可以跑到别人跑道中去。

短跑不用编号，因为不抢道，分道比赛。

普通的象学校里面的规则：

（1）每人有两次抢跑的机会，第三次将会被罚下。

（2）必须用蹲距式起跑。

（3）听到口令各就位时到自己的道次，听到预备后身体抬起，发令后第一时间跑出去。

2. 50 米短跑技巧。 50 米短跑技巧训练最重要的是爆发力。要想练好爆发力，不仅要训练腿部肌肉，还不能忽视了上肢力量的培养。首先你每天可以作若干组的蛙跳和高抬腿，建议是 4 组。每组 10 个或是每组三米之后双手拿哑铃（或其它重物），跑步中做前后摆臂的动作，做 2 组。起跑时的要领：

起跑前一定要将每个动作做充分，裁判喊各就位预备的时候一定要使重心下移，听到发令枪后，立马起身，这时步幅一定要小并且快，这样才会更快的达到你最高速度，之后需要很自然的将身体逐渐直立起来。迈腿的时候要记住送胯的动作，保持上身的重心，加快摆臂，从而带动下肢的运动，这也是锻炼上肢力量的原因。

（1）跑动中前脚掌着地，用力后蹬。

（2）跑动中双臂一定是前后摆动，不要左右摆动成擂鼓式。

（3）跑动中躯干尽量用力前倾，不要顺势后仰。

3. 50 米短跑训练。 爆发力是很关键的，看看影响因素：

（1）加强髂腰肌和腹肌的练习，这是提高爆发力的最关键部位。

（2）加强下肢肌肉力量的练习，但是一定不能练的太粗了，否则就是负担。

（3）加强柔韧性的训练，这是很关键的，能防止你受伤。

（4）具备以上的基础后，剩下的就是刻苦去训练提高了。

4. 50 米短跑的提高。短跑练习分为起跑、提速跑、途中跑，冲刺是个重要阶段。在练习的时候首先要练习腿部力量，意在增加自己的爆发能力。

在短跑过程中，摆臂是最重要的，每天用 5 公斤哑铃只做摆臂练习，50 个一组，每天练习 10 组。每天训练以后一定要记得做放松，否则肌肉的酸痛对你来说是很难熬过去的。

5. 50 米短跑训练手段和方法。决定短跑成绩的主要因素是步频和步长。另外腿部要有好的爆发力，还要有强壮的上肢来摆臂协调。

（1）爆发力。爆发力由两个有机组成部分决定，即速度与力量。因此，可采用以下练习方法：①跳深；②纵跳；③负重纵跳；④负重蹲跳起；⑤负重深蹲；⑥负重弓箭步交换跳。

（2）发展步频。30 米冲刺～60 米冲刺～80 米冲刺，8～10 组。关键在于提高步频，下坡路跑提高成绩效果显著。在 2～3 度的斜跑道上，快速完成上坡或下坡加速跑练习，距离 40～50 米。

（3）训练方法。训练方法对增大运动员的步幅有着十分重要的作用：

①体前屈练习；②把杆拉腿；③纵、横臂叉；④肋木体前后快速屈伸；⑤踢腿（正、侧面以及外摆内合四个方面），盘腿坐膝等；⑥快速的蹲立练习。

认真做好运动前的准备活动。田径运动很容易造成肌肉、关节和韧带损伤，尤其下肢受伤的机会更多。防止的唯一办法是赛前的准备活动。准备活动越充分越不容易受伤。可在慢跑的基础上对肩关节、肘关节、背腰肌肉、腿膝踝关节等部位进行活动，强化肌肉韧带的力

量，提高机体的灵敏性和协调性，从而防止受伤，就可提高运动成绩。

运动或比赛后，应做好放松活动，以尽快恢复体力和肌肉的力量。其方法是对身体各部分进行放松性的抖动、拍打。

6. 50 米短跑比赛姿势。

①预备姿势。预备姿势，两脚自然开立，约与臂同宽，挺胸抬头，两手半握拳，两眼平视前方。当教师发出"一"的口令时，队员们双手上举在脸两侧，手臂弯曲，脚后跟抬起。

当教练发出"二"的口令时，两臂训速向前上方摆动的同时，两脚用力蹬地起跳，收腹举腿，腾空角度一般在 20~22 度，腾空高度为 0.35~0.45 米。

在练习过程中，根据学生的情况，可分解练习。教师发口令时，开始要多练习"一二"的口令，使上下肢协调配合后，再把整个动作连续起来。测验四个班后发现，用分解法练习的两个班，在同样的时间内，比没有用分解法的班，平均成绩提高了 0.15 米。

②起跑姿势。蹲踞式起跑包括"各就位"、"预备"、"跑"三个动作。听到"各就位"口令后，做几次深呼吸，轻松地走或跑到起跑器前，屈体，两手撑地，有力腿在前，两脚依次蹬在起跑器上，后腿跪在地面上；后腿膝盖和前脚足弓在一条线上，后腿膝盖和前脚足弓之间有 10 厘米的距离；两手拇指相对，其余四指并拢，虎口向前，两手约与肩同宽撑于起跑线后，两臂伸直，肩微移超过起跑线；颈部自然放松，两眼视前方半米处，注意听"预备"口令。

预备口令发出后，后边支撑腿稍抬，臀部和肩平或者稍高于肩，但是后边腿要弯曲，不要伸直，两眼视前方三米处，注意听枪响.

枪响后后脚快速蹬离起跑器，两臂快速摆动，身体前倾至 10 米处逐渐抬起，快速跑下去。

(7) 50 米短跑评分标准。使用评分表对测试结果进行评价可分为

两个部分，首先是对各项测试结果分别评分，得出相应评价指标的等级和得分；第二部分是对每一个测试者给出一个总的得分和等级。

60 米短跑

60 米赛跑（60 公尺短跑）是田径比赛中，一种短距离径赛项目。此项比赛为室内田径锦标赛的赛事，夺得此项比赛冠军的人多数是室外 100 米短跑高手。60 米赛跑在室外场地是绝少有的项目，绝少出现于成年人的比赛当中。

60 米短跑曾是 1900 年及 1904 的奥运比赛项目之一。

100 米短跑

100 米短跑介绍：奥运会项目中径赛中距离最短的比赛，也被誉为"挑战人类速度极限"的比赛。截止 2009 年为止，男子 100 米短跑的世界纪录为博尔特在 2009 年柏林田径锦标赛上创造的 9 秒 58 的纪录。

奥运会项目中径赛中距离最短的比赛，也被誉为"挑战人类速度极限"的比赛。截止 2009 年为止，男子 100 米短跑的世界纪录为博尔特在 2009 年柏林田径锦标赛上创造的 9 秒 58 的纪录。

100 米训练法

1. 发展爆发力练习。爆发力由两个有机组成部分决定，即速度与力量。因此，可采用以下练习方法：（1）跳深、（2）纵跳、（3）负重纵跳、（4）负重蹲跳起、（5）负重深蹲、（6）负重弓箭步交换跳。

2. 柔韧的练习。柔韧素质是指人的各个关节活动的幅度，肌肉韧带的伸展能力。它在短跑运动中具有重要意义，尤其是对于增大运动员的步幅有着十分重要的作用，因此，在训练中通常采用以下方法：（1）体前屈练习、（2）把杆拉腿、（3）纵、横臂叉、（4）肋木体前后快速屈伸、（5）踢腿（正、侧面以及外摆内合四个方面）、盘腿坐

膝等、(6) 快速的蹲立练习。

3. 动作速度的训练。这个环节是短跑训练的关键，通常采用的方法是辅助练习法、重复法、比赛法和游戏法。其中比赛法是进行速度训练经常使用的方法，由于速度练习时间短，经常使用比赛法，能使运动员情绪高涨，表现出最大速度。游戏法和比赛法作用一样，可以激发运动员高涨的情绪，同时，由于游戏过程中能引起各种动作变化，还可以防止因经常安排表现最大速度的练习而引起的"速度障碍"的形式。

星期一，四，跳深；*15 组 10 次*；

星期二，*负重弓箭步交换跳 10 组 30 次*；

星期三，*30 米冲刺 ~ 60 米冲刺 ~ 80 米冲刺，10 组*，关键在于提高步频，下坡路跑提高成绩效果显著。

星期五，*柔韧的练习、踢腿 10 组 30 次，负重纵跳 10 组 15 次*。

星期六，*负重深蹲 15 组 10 次；30 米冲刺 ~ 60 米冲刺 ~ 100 米冲刺全程 6 组*。

星期日积极性的休息：比如打球等。

每次训练准备活动和放松活动不可少。

200 米短跑

*1. 200 米起跑很重要。200 米跑属于短跑项目，起跑器可以帮助你*起跑瞬间产生很大的向前的冲力，而不至于后蹬时打滑。

不会使用起跑器说明你没有短跑的能力，使不使用起跑器对你帮助都不大。

起跑器开始使用都不是很习惯，多尝试几次就可以了，它对起跑的加速有很大的作用，你用多大的力量启动，它就给你多大的助力，如果有跑鞋就更好。

200 前面是弯道，起跑之后，重心偏向内侧，尽量沿着内线跑，

（此时身体是倾斜的），用9成左右的力量跑弯道，尽量把腿抬高，手臂的摆动大一些。

到了直道，加快你的手臂摆动速度，加快你的频率（手积极的摆动可以带动腿的力量）然后使劲冲到终点就可以了。

你都说了老师逼你的，所以心理不要有压力，放松的去跑，去比赛。运动会重要的是参与，是享受其中的乐趣嘛。

如果想有好的发挥，没事多练习几次跑200米，在做一些相应的力量训练：蛙跳几十米，跳4组。高抬腿跑30多米然后冲刺跑，也是4组，这些都对短跑有帮助！

累了就咬牙坚持，200米很快就结束了！比赛前20分钟可以喝一支葡萄糖来增加能量。

2. 200米速度的练习。二百米是一项挺难的项目，需要耐力，更需要速度，整体来说速度是主要的，速度的练习可通过做蛙跳来练习，把腿部肌肉拉开，耐力就苦些啦，需要坚持练习跑步就对了，至于助跑器，不要把它看得多神秘，最后怎么跑舒服就怎么跑，毕竟咱不是专业运动员，起跑的优势可以不抓。

200米，如果是标准跑道肯定是先弯道后直道的。跑弯道的时候注意脚步要迈得大，不需要多大的频率，这样能保持身体的平衡，到了直道的时候就跟100米一样，没有多少技术含量了，要的只是暴发力跟频率。用力方法是弯道的时候尽70%的力，保留体力到直道的时候再爆发。

200米跑步训练

跑200米时脚后跟要抬高，步子要跨大，而且跑步时不能一下子快，一下子慢，这样很消耗体力。更重要的是，跑步真的要靠毅力，我试过的。而且跑步时，不能一快一慢，这样会很消耗体力的，用速度时，必须均衡，最重要的是要忘记自我，超越自我，要向前冲，还

要顽强的毅力。

迅速摆动两臂，两条腿使劲抬高，笔直冲刺。跑步时，双脚要抬高，特别是脚跟，这样有助于跑步速度快和不怎么费体力。如果是短跑200米。通常周期性的运动要特别注意呼吸的节奏，富有节奏地呼吸，将会使运动更加轻松和协调，更有利于创造出好的运动成绩。

如周期性的跑步运动，长跑宜采用2至4个单步一吸气、2至4个单步一呼气的方法进行练习；短跑常采用"憋气"与断续性急促呼吸相结合，即每"憋气"2至12个单步（或更多）后，作一次1秒以内完成的急促的深呼吸。周期性游泳运动的呼吸节奏，蛙式为一次划手、一次蹬腿、一次头出水面的组合，完成一次呼吸，爬泳为三次划臂、3至6次打腿的组合，完成一次呼吸（侧换气）。

200米跑步训练技巧

200米即要发挥爆发力，也要有耐力。即要弯道跑技术，也要直道加速和尽量保持速度。跑200米首先要练习腿部肌肉力量，有条件的话去健身房，也可以做深蹲起，蹲下慢起来快。练爆发力和力量，跳台阶也是练习短跑训练最实用的基本方法。其方法是用脚快速蹬地，但腿的高度没有高抬腿那么高，配合手臂的快速摆动，（还要弓腰做）之后快速跑出去，因为真正跑的时候这个动作可以帮助你快速的加速。跑的时候，一开始高频率加速（不是干蹬腿不走路那种）之后尽量加大步幅跑，一开始最好先练习跑60米直道加速，因为人体内储存的三磷酸腺苷只能够用6~8秒，差不多就是60米的。跑完后走回来，歇一小会再跑，这样可以提高三磷酸腺苷转化速度，让你更快的拥有三磷酸腺苷供跑步用。还有不要受伤，活动开身体再练习。

跑前的2、3天可以休息调整一下，不要紧张。按道理来讲200米需要从头冲到尾，所以建议你采取冲一段、省一段再冲一段的跑法；练习的话还是短跑的基本项目：小步跑练频率，高抬腿和后蹬跑练步

幅，再加练一下收腹跳，然后是加速跑，快要跑时再练下弯道跑，主要是掌握身体内倾到多少角度比较合适。

在训练时候要下功夫多一点，提高才多，实力比别人强肯定就可以超越了。

1. 降低体重。体重是重要影响速度成绩的因素。

2. 提高大腿的力量。做一些单腿蹲起，如果有条件做杠铃的自由深蹲。

3. 提高成绩。把握了前临个条件后，可以在锻炼中进行 1.5 倍法的锻炼，就是在跑步过程中每次多锻炼 75 米的距离，每次尽量提高成绩。

4. 具体的训练方法。练习试跑一次，休息 5 分钟，再练习试跑一次，休息 1 分钟，再练习试跑一次，休息 5 分钟，再练习试跑一次，休息 1 分钟，再练习试跑一次，一天练习两回。

5. 练习两天休息一天。在测试比赛前两天停止训练。

200 米跑运动员必须注意在约 50～60 米处中止向前猛冲并保持短跑时的轻松节奏。这助于在整个赛程中保持快速度。

但常见的错误是，200 米跑运动员在头 100 米赛程中全力冲刺，最后就拼命向终点冲去。其实，200 米跑运动员通过放松、集中精神并进入轻松赛跑状态就可以在好几个百分之一秒内保持 100 米跑速度。

这样，运动员可在整个赛程上保持最快的速度并赢得 200 米跑的胜利。

6. 200 米训练。（1）吸气和呼气跑。跑 4 圈：前 3 圈是走 100 米跑 100 米；第 4 圈是走 200 米跑 200 米。一圈快于一圈，并确定 200 米的跑速。

（2）150 米加速跑训练。50 米 1/2 速度。50 米 3/4 速度。最后 50 米 9/10 速度，步子恢复体力。

（3）速度记录。60米9/10速度。40米往返跑，沿弯道慢跑。重复做曲背伸展运动。两圈作一记录。不进行加速跑训练。最重要的是快速和放松。

（4）"h"形态和慢速。进行快速训练的运动员一般用尽可能多的步数跑完10米。重要的是大腿保持水平位置（最好像"h"形）脚步要尽可能地快，但也尽可能慢地向前移动（慢速）

7. 斜坡跑训练。长距离斜坡跑是200米。短距离斜坡跑是100米。轻度斜坡跑训练。体育场内台阶跑练习可以代替斜坡跑训练。

8. 技术训练跑。5～10次（重复）50～100米，每次跑都要注重某部位的技术动作。手臂、手、膝和主要放松部位。

200米是短跑项目中最难训练的一项，如果想在一个月提高速度几乎不可能，除非你过去一直有锻炼，所以建议你多做一些基本热身运动，多跑跑400练一下气，如果平时热身抓不好，等200米加速时就很容易拉伤，到时就什么都完了。

短跑，高抬腿跑，下坡跑，后蹲跑，单脚跳，高抬腿，深蹲，蛙跳，250米快速跑，长跑、负重跑2000、5000米，600米跑（弯道大步，直线冲刺）。如果是3000米以上的项目，跑的时候手臂在腰部摆动。最重要的是练步长和呼吸。多跑跑，找自己的节奏。每天适当的训练，大概1小时左右就可以了。

400米短跑

训练400米短跑，其技巧是前100米保持中速，跟紧前两个，接着200米加速，尽量保持和第一个距离不远，最后100米冲刺。

400米这个项目是一项"长距离"的短跑项目，是一项无氧占大比例，有氧占小比例的混氧型的短跑项目。因而有很多人都谈400米而色变，其实只要在平时的训练中有针对性地进行各项具有400米项目特点的体能和技术的训练，就能有效地达到提高400米成绩的效果。

要进行400米的训练，首先要清楚400米的项目特点。关键词就是"无氧"和"速度"，400米的训练就围绕这两个关键词来进行。在训练的过程中还要根据项目的特点进行一些技术、节奏的训练。以下是本人对400米训练订的计划，对象是400米成绩达52秒水平的男生，训练周期7个月。

把7个月的训练周期分为3个阶段：准备期，赛前期，赛前调整期。各个时期的训练周期以一周为单位。

1. 准备期。这个时期主要是提高运动员跑的能力，同时发展各项身体素质和改进跑的技术。时间大约为4个月，大约从11月份到次年的2月份。训练安排如下：

（1）周一。早操4000米，要求每千米3分45秒~3分50秒，通过有氧训练，提高心肺功能。注意韧带拉伸及跑的技术改正。

下午：速度训练，训练内容：30米4次、60米4次、120米3次（主要在弯道上进行，模拟起跑后的加速过程）。

素质训练：小负荷的半蹲起，负重直膝跳，快速低强度的卧推，腰腹肌练习。

（2）周二。专项力量，抓举40~50公斤3~4组3次。深蹲，小腿屈伸，卧推70%~90%6~8组3~6次。

跨步跳100米4次2组（要求积极扒地，从而在跑的过程中实现短支撑和向前性），慢跑放松。

（3）周三。早操4000米。要求同周一。下午：跑的能力练习。200米变速跑8次2组（每个200米要求用27~27,5秒完成，中间走100米休息，要求走100米时间不能超过1分钟）。

（4）周四。专项力量，深蹲，小腿屈伸70%~90%6~8组3~6次。半蹲40%~60%10~12次3~5组。卧推40%~60%12~15次3~5组。

跨步跳 100 米 4 次 2 组（要求积极扒地，从而在跑的过程中实现短支撑和向前性）。

负重弓箭步走 40 米 4 次（这项练习能很好地扩大跑的步辐，是 400 米跑很重要的要求）。

慢跑放松。

（5）周五。早操 4000 米。

下午：跑的能力练习。200 米变速跑 8 次 2 组（要求同周三）。

（6）周六。专项耐力 600 米 2 次（要求 1 分 28 ～ 1 分 30 秒，间歇 10 分钟），专项速度 300 米 2 次（要求 37 秒 5 ～ 38 秒，间歇 10 分钟）（通过超专项距离的 600 米训练能大大提高自身的无氧糖酵解。而 300 米则是提高速度耐力）。

（7）周日。休息，通过这一阶段的训练能大大提高跑的能力。并在技术上有所改进，为下一阶段的训练打下良好基础。

2. 赛前训练。训练时间 2 ～ 3 个月一般是 3 ～ 5 月份。这个阶段主要是在上一阶段的训练基础上进行大强度、有针对性地专项训练，从而达到从量变到质变的效果。

（1）周一。早操 4000 米，要求每千米 3 分 45 秒 ～ 3 分 50 秒，通过有氧训练，提高心肺功能。

下午：速度训练，60 米 3 次，100 米 4 次，120 米 3 次（主要在弯道上进行，模拟起跑后的加速过程），200 米 3 次（60 米和 100 米的强度要求用 90% 的强度完成，200 米要求 24 秒左右）。

摆臂练习，腰腹肌练习。

（2）周二。200 米变速跑 8 次 2 组（每个 200 米要求用 26.5 ～ 27 秒完成，中间走 100 米休息，要求走的 100 米时间不能超过 1 分钟。提高强度。主要是发展抗乳酸能力）。

（3）周三。专项力量，抓举 40 ～ 50 公斤 3 ～ 4 组 3 次。深蹲，小

腿屈伸，卧推70%～90%6～8组3～6次。壶铃蹲跳20个5组。

跨步跳60米4次2组（要求积极扒地，从而在跑的过程中实现短支撑和向前性，同时提高跨步跳的速度）2次（要求1分25～1分27秒，间歇8分钟），专项速度300米2次（要求36秒5～37秒，间歇10分钟。注：通过超专项距离的600米训练能大大提高自身的无氧糖酵解能力。而300米则是提高速度耐力）。

（4）周日休息。

这一阶段的训练是从量变到质变的过程，能大大提高速度和速度耐力，并有很强的抗乳酸的能力，是比赛取得好成绩的重点。这一阶段训练的特点是强度大，要求高。

3. 赛前调整。一般是赛前一周，因为上一阶段的大强度训练身体可能出现疲劳，因而利用这一阶段把身体状态调到最好，同时有条件可摄入一些利于恢复的营养品。调整的训练安排如下：

（1）周一。早操4000米，下午，150米4次2组（强度中等）。

（2）周二。4000米有氧跑，200米3次（仍以400米前200米的节奏跑）。

（3）周三。力量训练，深蹲，小腿屈伸，卧推70%～90%6～8组3～6次。摆臂练习。

（4）周四。早操20分钟自由跑，下午休息。

（5）周五。200米变速6次2组（强度200米27.5秒左右）。

（6）周六。做一个赛前的准备活动。

（7）周日。休息。

400米的训练方法有很多，主要是根据项目特点进行练习，同时还要根据不同类型的运动员进行不同的训练。只要坚持系统的训练，就能大幅度提高运动成绩。

跑400米的技巧

前100米中速，保持跟紧前两个，接着200米加速，尽量保持和第一距离不远，最后100米冲刺。

提前10分钟热身，保持正确的跑步姿势，三步呼，三步吸，不要用嘴呼吸，还有就是不要穿不适合运动的衣服、裤子、鞋。

400米这个项目是一项"长距离"的短跑项目，是一项无氧占大比例，有氧占小比例的混氧型的短跑项目。因而有很多人都谈400米而色变，其实只要在平时的训练中有针对性地进行各项具有400米项目特点的体能和技术的训练，就能有效地达到提高400米成绩的效果。

要进行400米的训练，首先要清楚400米的项目特点。关键词就是"无氧"和"速度"，400米的训练就围绕这两个关键词来进行。在训练的过程中还要根据项目的特点进行一些技术、节奏的训练。以下是本人对400米训练订的计划，对象是400米成绩达52秒水平的男生，训练周期7个月。

把7个月的训练周期分为3个阶段：准备期，赛前期，赛前调整期。各个时期的训练周期以一周为单位。

1. 准备期。这个时期主要是提高运动员跑的能力，同时发展各项身体素质和改进跑的技术。时间大约为4个月，大约从11月份到次年的2月份。训练安排如下：

（1）周一。早操4000米，要求每千米3分45秒~3分50秒，通过有氧训练，提高心肺功能。注意韧带拉伸及跑的技术改正。

下午：速度训练。训练内容：30米4次、60米4次、120米3次（主要在弯道上进行，模拟起跑后的加速过程）。

素质训练：小负荷的半蹲起，负重直膝跳，快速低强度的卧推，腰腹肌练习。

（2周二。专项力量，抓举40~50公斤3~4组3次。深蹲，小腿

屈伸，卧推 70%~90%6~8 组 3~6 次。

跨步跳 100 米 4 次 2 组（要求积极扒地，从而在跑的过程中实现短支撑和向前性），慢跑放松。

（3）周三。早操 4000 米。要求同周一。

下午：跑的能力练习。200 米变速跑 8 次 2 组（每个 200 米要求用 27~27.5 秒完成，中间走 100 米休息，要求走 100 米时间不能超过 1 分钟）。

（4）周四。专项力量，深蹲，小腿屈伸 70%~90%6~8 组 3~6 次。半蹲 40%~60%10~12 次 3~5 组。卧推 40%~60%12~15 次 3~5 组。

跨步跳 100 米 4 次 2 组（要求积极扒地，从而在跑的过程中实现短支撑和向前性）。

负重弓箭步走 40 米 4 次（这项练习能很好地扩大跑的步辐，是 400 米跑很重要的要求）。

慢跑放松。

（5）周五早操 4000 米。

下午：跑的能力练习。200 米变速跑 8 次 2 组（要求同周三）。

（6）周六。专项耐力 600 米 2 次（要求 1 分 28~1 分 30 秒，间歇 10 分钟），专项速度 300 米两次（要求 37 秒 5~38 秒，间歇 10 分钟）（通过超专项距离的 600 米训练能大大提高自身的无氧糖酵解，而 300 米则是提高速度耐力）。

（7）周日。休息。

通过这一阶段的训练能大大提高跑的能力，并在技术上有所改进，为下一阶段的训练打下良好基础。

2. 赛前训练。训练时间 2~3 个月一般是 3~5 月份。这个阶段主要是在上一阶段的训练基础上进行大强度、有针对性地专项训练，从

而达到从量变到质变的效果。

（1）周一。早操4000米，要求每千米3分45秒~3分50秒，通过有氧训练，提高心肺功能。

下午：速度训练，60米3次，100米4次，120米3次（主要在弯道上进行，模拟起跑后的加速过程），200米3次（60米和100米的强度要求用90%的强度完成，200米要求24秒左右）。

摆臂练习，腰腹肌练习。

（2）周二。200米变速跑8次2组（每个200米要求用26.5~27秒完成，中间走100米休息，要求走的100米时间不能超过1分钟，提高强度。主要是发展抗乳酸能力）。

（3）周三。专项力量，抓举40~50公斤3~4组3次。深蹲，小腿屈伸，卧推70%~90%6~8组3~6次。壶铃蹬跳20个5组。

跨步跳60米4次2组（要求积极扒地，从而在跑的过程中实现短支撑和向前性，同时提高跨步跳的速度）。

200米3次（把200米的速度和节奏提升到400米比赛时前200米的模式）。

（4）周四。400米测试（要求掌握好自己的速度节奏，要求步幅大，有节奏感）。

（5）周五。200米变速跑8次2组（要求同周二）。

（6）周六。专项耐力600米2次（要求1分25~1分27秒，间歇8分钟），专项速度300米2次（要求36秒5~37秒，间歇10分钟。注：通过超专项距离的600米训练能大大提高自身的无氧糖酵解能力。而300米则是提高速度耐力）。

（7）周日。休息。

这一阶段的训练是从量变到质变的过程。能大大提高速度和速度耐力，并有很强的抗乳酸的能力。是比赛取得好成绩的重点。这一阶

段训练的特点是强度大，要求高。

3. 赛前调整。一般是赛前一周，因为上一阶段的大强度训练身体可能出现疲劳，因而利用这一阶段把身体状态调到最好，同时有条件可摄入一些利于恢复的营养品。调整的训练安排如下：

（1）周一。早操 4000 米，下午，150 米 4 次 2 组（强度中等）。

（2）周二。4000 米有氧跑，200 米 3 次（仍以 400 米前 200 米的节奏跑）。

（3）周三。力量训练，深蹲，小腿屈伸，卧推 70%～90% 6～8 组 3～6 次。摆臂练习。

（4）周四。早操 20 分钟自由跑，下午休息。

（5）周五。200 米变速 6 次 2 组（强度 200 米 27.5 秒左右）。

（6）周六。

做一个赛前的准备活动。

（7）周日。休息。

400 米的训练方法有很多，主要是根据项目特点进行练习，同时还要根据不同类型的运动员进行不同的训练。只要坚持系统的训练，就能大幅度提高运动成绩。

女子 400 米跑步技巧

1. 慢速放松跑。就是不加任何努力的慢跑。一般慢跑时感到轻松舒服，无疲劳感，心率控制在每分钟 110～130 次左右，呼吸自然，稍有气喘，动作无要求。一般每周练 2～3 次，每次练习 20 分钟左右。坚持经常锻炼，对呼吸系统、心血管系统等有明显的健身效益。

2. 中速跑步方法。是用一定的意志努力，速度在每秒 5 米或心率在 140～150 次/分左右的跑进方法。这种健身跑步法是较流行的中等强度健身法，已被国内外公认。这种方法对增强心脏功能，调节内脏平衡等有显著的效果。但练习中应注意做好准备活动，放松活动，练

习感到明显疲劳，就要停止跑步，做一些放松练习。每周练习 1~2 次，每次练到疲劳为止。

3. 快速跑步方法。是用较大意志努力，较快的速度向前跑进方法，练习时心率一般都在人体最高水平，170~180 次/分左右。这种跑法运动强度较大，持续时间较短，一般几秒钟，但可以重复练习。每周练习 1~2 次就可以了，每次重复 3~6 次。练习中应循环渐进，做好准备活动和放松整理活动，防止疲劳过度。这种方法对提高人体无氧耐受力，肌肉功能，以及心脏功能有一定作用。有内脏慢性病、心血管、肝、肾病尤为不能练习，防止重病发生。

4. 变速跑步法。就是采用快慢结合、走跑结合的交替练习方法。这种跑步法适用于中年中后期人，由于运动量变化较大，练习时可根据个人锻炼水平，控制练习的时间和跑速。一般来说，体质较好的中年人，可快跑与慢跑交替进行；体质较差的中年人，可慢跑与走步交替练习。练习时间控制在感到疲劳明显时结束练习，做一些放松活动，并循序渐进提高练习要求。

5. 定时跑步法。就是限定一定时间，进行跑步移动距离，或限定一定距离，缩短跑步时间的练习方法。比较有名的定时跑是 12 分钟跑，6 分钟跑，用来评价自我锻炼的效果和身体功能水平。经常进行定时跑练习，可以帮助自我了解身体状况，锻炼中如出现难以跑下去的疲劳极点现象，应逐步放慢跑速，甚至停止练习，做好放松活动，以防发病现象出现。

6. 原地跑练习法。就是在固定的一块小地方做原地跑步动作的练习方法，如：在房间里、阳台上、跑台上做跑的动作，持续练习的方法。这种方法不受场地、气候、设备条件限制，是一种较方便的锻炼方法。但练习时间应较长，重复步数应较多，一般要练习 10 分钟以上，才相当于跑进 800 米距离的慢跑运动量。因此，要求练习较长，

练习时大腿抬高一些，重复次数加快些，锻炼效果就好些。这方法适用户外无法练习时，或有疾病做康复保健练习。

3. 短跑的技术练习

短跑的练习

1. 高抬腿跑。上体正直或稍前倾，身体重心提高，大腿高抬与躯干约成 *90* 度角，然后积极下压，膝关节放松小腿自然伸开用前脚掌着地，支撑腿三关节充分伸展，骨盆前送，两臂前后摆动配合两动作腿。

2. 小步跑。身体稍前倾，大腿抬起与水平线约成 *35 ~ 45* 度角，膝关节放松，然后大腿下压小腿顺下压的惯性前伸，并很快以前脚掌积极着地，脚趾完成最后"扒地"动作；两臂前后摆动配合两腿动作，小步跑要求步幅小，频率快而放松。放松，小腿自然伸开用前脚掌着地，支撑腿三关节充分伸展，骨盆前送，两臂前后摆动配合两腿动作。

3. 后蹬跑。上体稍前倾，支撑腿后蹬充分蹬直，而摆动腿屈关节领先向前摆出，然后大腿积极下压，用前脚掌着地，两臂前后摆动配合两腿动作。

4. 车轮跑。上体正直，大小腿折叠前抬，脚跟接近臀部，大腿前抬与躯干约成 *90* 度角，然后大腿下压，膝关节放松，小腿顺势摆出后脚积极着地，两臂配合两腿的动作。

5. 起跑。起跑的任务是获得向前冲力，使身体迅速摆脱静止状态，为起跑后加速创造有利的条件。

6. 起跑器的安装。起跑器安装的方法有"普通式"、"拉长式"两种。通常采用"普通式"，前起跑器安装在起跑线后一脚半（约40、

45厘米）处，后起跑器距离前起跑一脚半；前、后起跑器的支撑面与地面分别成40度45度角和70、80度角；两个起跑器的中轴线间隔约15厘米。

7. 起跑技术。跑技术包括"各就位""预备""鸣枪"（或"跑"）三个阶段。听到"各就位"口令后，做2、3次深呼吸，轻快地走到起跑器前，两手撑地，两脚依次踏在前、后起跑器的抵足板上，后膝跪地，两手放在紧靠起跑线后沿处，两臂伸直，肩与起跑线平行，两手间隔比肩稍宽，四指并拢和拇指成八字形支撑，颈部自然放松，两眼视前下方约4050厘米处，注意听"预备"口令。

听到"预备"口令后，随时之吸一口气，平稳地抬起臀部，与肩同高或稍高于肩，重心适当前移，肩部稍超出起跑线，这时体重主要落在两臂和前腿上。"预备"姿势应该稳定，两脚贴起跑器抵足板，注意力高度集中。

听到枪声，两手迅速推离地，两臂屈肘有力地作前后摆动，两腿迅速蹬起跑器，使身体向前上方运动，前腿快速有力地蹬伸髋、膝、踝三个关节。

8. 起跑后的加速跑。加速起跑后的跑是从后腿蹬离起跑器，到途中跑之间的一个跑段。其任务是充分利用向前的冲力，在较短距离内尽快地获得高速度。

当后腿蹬离起跑器并结束前摆后，便积极下压着地。第一步的着地应尽量靠近身体重心投影点，脚着地后迅速转入后蹬。前腿在蹬离起跑器后，也迅速屈膝向前摆动。

起跑后的最初几步，两脚沿着两条相距不宽的直线前进的，随着跑速的加快，两脚着地点，就逐渐合拢到假定的一直线两侧。

加速跑的距离，一般约为25～30米。

起跑和起跑后加速常见的错误动作产生原因和纠正方法。

9. 抢跑。产生原因：有侥幸取胜的心理，猜枪声起动。"预备"姿势身体重心过分前移。

竞赛时心理状态过于紧张，不能控制动作，手指和臂和力量差。

10. 纠正方法。适当调整起跑的"预备"姿势。增强手指和臂的力量。廷长或缩短"预备"鸣枪的时间，养成听枪声起动的习惯。通过思想教育工作，严格要求遵守比赛规则。

11. 两腿蹬起跑器无力。产生原因：跑"预备"姿势臀部抬起过高或太低。两脚没有压紧起跑器。起动时前后两腿蹬、摆配合不协调，动作无力。腿蹬离起跑器时两臂前后摆动无力。

12 纠正方法。"预备"姿势，使两腿的膝关节夹角处于最佳的发力姿势。

反复做蹬离起跑器的专门练习。如用胶皮带牵引做起动练习，体会蹬、摆配合；蹬起跑器跳远和多级跳；做后腿蹬离起跑器屈膝前摆的辅助练习。

13. 起跑后加速跑时上体抬起过早。产生原因：支撑腿的力量差，怕跌跤，头部过早上抬。

两个起跑器之间的距离太近。

14. 纠正方法。讲清起跑后加速跑动作要领。加强腿部力量。用胶皮带牵引做起跑后的加速跑，在跑中逐渐加大身体前倾。适当拉长两起跑器间的距离。

途中跑

1. 途中跑。途中跑是短跑全程中，距离最长，速度最快一段。其任务是继续发挥和保持高速度跑。摆动腿的膝关节，迅速有力地向前上方摆出，支撑腿在摆动腿积极前摆的配合下，快速有力地伸展髋、膝和踝关节，蹬离地面形成支撑腿与摆动腿协调配合动作。

2. 腾空阶段。小腿随时着蹬地后的惯性和大腿的摆动，迅速向大

腿靠拢，形成大小腿边折叠边前摆的动作。与此同时，摆动腿以髋关节为轴积极下压，膝关节放松，小腿随摆动腿下压的惯性，自然向前下伸展，准备着地。

3. 着地缓冲阶段。着地动作应是非常积极的，在途中跑时，头部正直，上体稍有前倾，两臂前后摆动要轻快有力。

4. 弯道跑。从直道进入弯道跑时，身体应有意识地向内倾斜，加大右腿的蹬地力量和摆动幅度，右臂亦相应地加大摆动的力量和幅度，有利于迅速从直道跑进弯道。

弯道跑中，身体应向圆心方向倾斜。后蹬时右腿用前脚掌的内侧用力，左腿用前脚掌的外侧用力。弯道跑的蹬地与摆动方向都应与身体向圆心方向倾斜趋于一致。

学习弯道途中跑技术

1. 方法。在一个半径 10～15 米的圆圈上跑。先用慢跑、中等速度跑，然后用快跑，随着速度的加快，身体内倾程度也不断地加大。

2. 学习进弯道跑技术。先在直道上跑 15～20 米接着跑进弯道 30～40 米，要求在进入弯道前 2～3 步，有意识地加大右腿的蹬地力量和摆动幅度。

3. 学习出弯道跑技术。弯道跑 30～50 米接着跑进直道。在跑出弯道前几步身体逐渐正直，体会顺惯性的自然跑。在弯道跑 30～50 米接着跑进直道。学习完整的弯道跑技术。让学生进行 120～150 米的弯道跑，体会进弯道跑、弯道跑、出弯道跑的衔接技术。

学习直道途中跑技术

1. 方法。学习摆臂技术。原地成弓箭步前后摆臂练习。练习时讲清摆臂的方向、幅度和肘关节角度变化，要以肩为轴摆动，同时肩部放松。

2. 学习用前脚掌着地的富有弹性的慢跑。要求用前脚掌着地，脚

跟离地较高、富有弹性的慢跑。以后逐渐加大幅度并要求大小腿折叠前抬。

3. 学习中等速度的反复跑 60 ~ 100 米。要求跑的动作放松、协调、步幅开阔，同时强调后蹬和高抬摆动腿的正确技术。

4. 学习加速跑 60 ~ 100 米。加速跑 60 ~ 100 米，快跑时应强调放松。

5. 学习行进间跑 30 ~ 60 米。应特别强调技术动作的正确和放松。

学习蹲踞式起跑和起跑后加速跑技术

1. 方法。学习安装起跑器的方法。让学生按普通式起跑器安装的要求，进行练习。

2. 学习"各就位"、"预备"技术。学生个人练习，体会起跑技术动作的要领。然后教师发令，学生成组进行练习。

学习起跑和起跑后加速跑技术

1. 模仿蹬离起跑器技术练习。练习时两腿前后站立，屈膝，上体前倾，两臂自然下垂，按"跑"的口令，迅速完成前后摆臂和蹬地与摆腿的协调配合。

用胶带牵引或两人配合完成蹬离起跑器练习。练习是在同伴的帮助下，根据"鸣枪"时蹬离起跑器技术的要求完成。

从蹬离起跑器，进入起跑后加速跑。让学生按起跑要求，蹬离起跑器并加速跑出 20 ~ 30 米。

2. 学习起跑、起跑后加速与途中跑衔接技术。让学生按口令完成起跑、加速跑出 50 ~ 60 米。体会在加速跑后的 2 ~ 3 步自然跑转入途中跑。

3. 学习弯道起跑器安装和弯道起跑、起跑后的加速跑技术。让学生根据弯道起跑器安装方法进行练习。让学生按发令要求，完成弯道起跑和起跑后加速跑练习。

学习终点跑技术

*1. 方法。*学习终点撞线技术。

慢跑做上体前倾用胸部撞线的动作。

中等速度跑做胸部撞线动作。在完成撞线动作后不应立即停止，要求顺势向前跑出几步。

成组练习终点撞线技术。

*2. 学习终点跑技术。*用快速跑 40~50 米，进接跑过终点（不做撞线动作）。在离终点前 20 米处加快步频和增大身体前倾程度同时加快摆臂，迅速跑过终点。

用快速跑 40~50 米，在接近终点线一米处，做胸部撞线动作，迅速跑过终点。

终点跑

终点跑是全程跑的最后一段。任务是尽力保持途中跑的高速度跑过终点。

终点跑的技术。要求在离终点线 15~20 米处，尽量保持上体前倾角度，加快两臂摆动的速度和力量。在跑到距离终点线一步时，上体急速前倾用胸部或肩部撞终点线，并跑过终点，然后逐渐减慢跑速。

起跑常见错误动作及其纠正方法

（1）抢跑。

纠正方法：

①讲清动作要领和听枪声起跑的意义，严格要求遵守比赛规则。

②调整起跑器到起跑线的距离和起跑器抵足板的角度。

③适当调楚预备姿势时身体重量的分配，增强手指和臂的力量。

④延长或"缩短"预备——鸣枪的时间，养成听枪声起动的习惯。

（2）起跑动作无力，臂和腿的动作配合不协调。

纠正方法：

①调整起跑器安装的距离与角度，做出有利于快速反应与发力的预备姿势。

②预备姿势时两脚掌要贴紧起跑器。

③反复做蹬离起跑器的摆臂摆腿练习或做单臂支撑半蹲踞式起跑，改进起跑第一步臂和腿摆动的协调配合动作。

④结合发展腿部爆发力采用起跑的专门练习（如起跑、立定三级跳远等）。

（3）起跑后加速跑时上体抬起过早。

纠正方法：

①讲清起跑后加速跑动作要领。

②解除怕摔思想，加强蹬离起跑器的练习，强调加强摆臂抬腿。

③适当拉长两起跑器间的距离。

④用橡皮带牵引做起跑练习。

⑤发展腿部力量。

⑥用橡皮带牵引做起跑后的加速跑，在跑中逐渐加大身体前倾。

（4）加速跑阶段臀部后缩，摆动腿时抬不起来，蹬离地面后"撩"小腿。

纠正方法：

①讲清加速跑的技术特点和动作要领，强调摆臂和抬腿。

②发展腰、腹肌力量。

③用橡皮带牵引做起跑和起跑后头几步的练习，体会合理的前倾

姿势。

途中跑常见错误动作及其纠正方法

（1）前摆低，大腿抬不起来。

纠正方法：

①讲清后蹬结束后，大小腿折叠动作的重要性，并且反复做大小腿折叠前摆的辅助练习。

②加强抬大腿的屈肌群力量和伸肌的柔韧性练习。

③上体趋于正直，使髋关节处于前移的姿势，便于摆动腿前抬。

④反复做高抬腿跑练习或加阻力做向前高抬大腿的练习。

（2）后蹬无力，坐着跑。

纠正方法：

①讲清在后蹬时，髋、膝、踝三关节的用力顺序和充分伸展动作。

②后蹬时，强调摆动腿前摆带动同侧骨盆前送。

③加强腰、腹肌力量练习，跑时强调腰、腹肌保持适当的紧张。

④身体保持正直姿势，使髋关节积极前送。

⑤加强支撑腿的伸肌群力量练习，提高支撑能力。

⑥多做高抬腿跑和后蹬跑等专门性练习。

⑦负重弓箭步走和各种多级跳。

（3）前踢小腿跑。

纠正方法：

①讲清动作要领，清除借前踢小腿来加大步幅的错误概念。

②摆动腿时大小腿应充分折叠，大腿高抬，然后大腿下压，小腿自然伸展。

③反复做高抬腿跑。

（4）支撑腿和摆动腿配合不协调，动作脱节无力。

纠正方法：

①讲清支撑腿与摆动腿配合的动作要领。

②做50～60米的快速跨跳，要求快蹬、快摆，动作幅度大。

③做30～50米的蹬摆跳。单腿屈膝支撑，腿从体后向前摆出，同时支撑腿迅速用力伸展成跳跃，接着以摆动腿着地支撑。

④用中等速度跑，体会协调用力的蹬地腿与摆动腿。

（5）步频快，步幅过小

纠正方法：

①讲清短跑的技术特点和步长、步频的关系。

②反复做大步跑、加速跑以及并列同步加速跑（由步幅大的队员带跑）。

③增强腿部力量和腿部肌肉柔韧性。

（6）步幅大，步频过慢。

纠正方法：

①反复做快频率的小步跑、高抬腿跑等专门性练习。

②发展快速力量。

③由频率较快的队员带跑或牵引跑。

④下坡跑或控制步长的定格跑。

（7）摆臂动作不正确。

纠正方法：

①讲清正确摆臂的技术要领，明确摆臂动作的重要性。

②增强手臂、肩带以及腰、背肌群的力量。

③多做原地摆臂的练习。

④用中等速度跑改进摆臂技术。

怎样在短时间内将跑步速度提高

1. 影响短跑成绩的因素。以 90% ~ 95% 的强度进行 20 ~ 60 米跑，每组跑 4 ~ 5 次，每次休息 3 ~ 6 分钟，进行 2 ~ 3 组，这将有助于提高你的速度。同时，改变短跑的起跑姿势，采取站立式、转身式和行进间起跑，这也有助于提高你的速度。上面这种提高速度的训练，应在质量良好的，即平坦、干燥、硬度适中的道面上进行。温暖的天气将有利于提高这种训练的效率。冷天气不利于这种训练，但在完成适当的准备活动后也可以进行。

发展步频：最佳时期 11 ~ 13 岁。侧重于提高肌肉的快速收缩速度，加强对神经系统的兴奋与抑制过程的灵活训练，提高肌肉快速收缩与肌肉的放松能力。

2. 训练手段。(1) 高速大幅度摆动腿前后摆动联系，要求在快速摆动中完成合理的折叠技术，摆动腿时大小腿折叠得越紧，半径越小，摆速越快。(2) 加快脚掌着地速度练习，要求尽可能地缩短腾空时间。(3) 快速摆臂摆腿练习，要求腿臂动作协调进行。

(4) 发展步长。步长能力的大小主要决定于跑时的后蹬力量，后蹬角度，摆动力量，摆动速度，以及髋关节的灵活性等。着重发展大腿的伸肌，屈肌的力量和髋关节的灵活性。

(5) 方法。负重换腿跳，负重大步走，负重跑，负重跳台阶，跑台阶，大幅度的跨步跳（要求摆动腿积极下压和小腿由前向后积极着地），蛙跳、单足跳等练习，提高跑时的后蹬能力。与此同时，采取高抬腿跑，拉橡皮条高抬腿"车轮跑"，收腹跳等训练手段，提高摆动速度，并且采取其它一些训练方法和训练手段，加强髋关节的灵活性和肌肉的伸展性训练。

(6) 发展绝对速度。必须注重步长和步频的最佳组合，及跑的技

术动作各环节的时间也空间的节奏。

3. 训练方法。（1）20~40米行进间快跑练习。（2）425~50米接力跑，加速跑，追赶跑练习。（3）下坡跑练习。（4）顺风跑练习。（5）各种短段落的变速跑练习。

①行时间跑30~60米，3~4次2~3组。

②短距离接力跑2人50米或4人50米，3~4次2~3组。

③短距离追赶跑60~100米，3~5次3组。

④短距离组合跑（20米+40米+60米+80米+100米）2~3组。或（30米+60米+100米+60米+30米）2~3组。

⑤顺风跑或下坡跑30~60米，3~4次2~3组。

⑥短距离变速跑100~150米（30米快跑+20米惯性跑+30米快跑+20米惯性跑），3次2~3组。

⑦胶带牵引跑30~60米，4~5次2~3组。

⑧反复跑30~60米，4~5次2~3组。

发展反应速度和动作速度的训练方法

1 各种球类运动。（1）双手推滚球→起跑追赶滚动球的练习（2）双手向前上抛出球→跑出追赶并接住球的练习。

2 各种游戏性质的反应练习。

3 发令或听信号（口令、掌声等）的蹬起跑器的练习。半蹲踞式姿势，听到枪声迅速向上跳起并触及高物。

4 最快速度的摆臂练习。持续时间5~10~20秒；

5 最高频率的各种形式高抬腿跑。持续时间5~10秒；

6 最快频率的小步跑、半高抬腿跑。距离30~40米；

7 快速后蹬跑。完成距离50~100米（计时、计步）；

8 快速跨步跑。完成距离50~100米（计时、计步）；

9 快速单足跑。完成距离 30~60 米（计时、计步）。

10 直立姿势开始，逐渐向前倾斜接着快速跑出。

11 在 2~3 度的斜跑道上。快速完成上坡或下坡加速跑练习，距离 40~50 米。

4. 跑步的练习过程

一个完整的练习过程应包括热身，基本伸展，锻炼，冷却，再伸展五个步骤。

热身

热身的目的是让身体准备好，从事接下来的主要运动。热身目标是让体温略升高，肌肉的温度也随之提升，心跳加快，循环加速和唤醒运动神经。

热身的方式可以是快走，小跑步和轻松跑。采用何种方式观察运动前身体处于何种状态，如果之前一整天坐在桌前或者刚起床不久，建议以快走开始，再渐渐加速至轻松跑。热身的时间没有规定的时间 8~10 分钟是基本的时间，如果气温较低则暖身时间就要拉长，直到身体出汗为止。如果今天的主要练习内容是激烈的间歇跑，那热身就必须更彻底。

暖身时必须注意保持身体的温度，尤其是冬天热身时要穿外套长裤，否则升高的体温容易散失而失去热身的意义。夏天气温本来就高，也许还没热身就流汗了，可是这并不代表不需热身或热身也经足够，因为此时只有身体的温度略高而已，其它的热身目标诸如提升肌肉的温度，加快心跳，加速循环和唤醒运动神经都还没达成。

基本伸展

基本伸展的目的是让关节活动角度变大，肌肉肌腱经过适度的延伸增加弹性与灵活度。因此伸展应分两部分，第一是关节部分，每次应将跑步会使用到的关节活动开来，关节伸展时动作速度宜慢，不要快速转动，先从小角度开始渐渐加大。每一个人的身体状况并不是每天都一样。伸展时专注去倾听身体的声音，做动作时身体会告诉你他的感觉如何，你自己要对自己今天的身体状况有所了解，才能随时机动调整练习内容。所以伸展时要把注意力集中在正在伸展的部位，完全的接收他传回来的讯号。

第二部分是肌群与肌腱。静态的肌群与肌腱的伸展方式，是把肌肉或肌腱慢慢加压到绷紧但不至感觉痛的地步，然后停在该处 12~16 秒。如果是运动后伸展时间应更长到 16~24 秒。另有一种伸展方式是动态伸展，以连续动态动作达到伸展的目的。

但是猛力的连续动态动作，可能会让肌腱弹性不足的人进而产生撕裂性伤害，因此建议一般运动者应以静态伸展方式去伸展。专业运动选手因长期锻炼肌肉肌腱都强韧有弹性才使用动态伸展。

把活动关节和伸展肌群的动作连接起来就是基本伸展的过程。并没有一定顺序，只要把上述的 14 个部位一一活动到即可。有些人为了不漏掉，可以先把所有关节都活动完再做肌肉、肌腱伸展；也有人混合两者，由脚底开始依次往上活动。

注意在伸展时仍要继续注意保持身体的温度，尤其冬天气温低时，在进行伸展时要仍然要穿着外套长裤，不要让暖身时提升的身体温度流失。

练习

如果今天练习内容属于激烈的项目，前面的热身与伸展内容就要加强，建议的方式是重复进行数次，慢慢把身体温度提升到练习所需的程度，进行第二次时可以较短距离的快跑取代前一次的小跑或轻松跑。激烈的项目要求的关节活动角度大，对肌肉的收缩冲击也强，所以伸展也要变深度伸展。

冷却

冷却的目的是要让身体温度逐渐下降，心跳频率也逐渐下降，让处于兴奋的神经回复原来情况，原来流到作工部位的血要回流到原先的部位。身体温度与心跳频率下降的曲线幅度如果太陡，心脏容易不适，因此采用比刚才练习主要内容慢的跑步方式逐渐冷却下来。如果刚刚是慢跑，现在也许是快走一段，然后逐渐慢下来，直到你觉得不再喘息，此时心跳应在 90 以下。越激烈的练习内容，需要冷却的时间越长。即便是轻松的慢跑，冷却时间也不应低于 8 ~ 10 分钟。

再伸展

运动后肌肉温度还高，此时是增加柔软度的黄金时间。我们运动过程当中肌肉内部构造都会有不同程度的重新排列，利用再伸展的机会可以把运动到的肌肉作整理，让它回复原状。不对激烈运动后的肌肉去伸展，肌肉失去重新排列的机会，累积下来就容易产生运动伤害。

再伸展还可以帮助肌肉排除因运动产生的乳酸，让乳酸不至于堆积在肌肉内而产生疼痛。

5. 跑步的正确姿势

路跑赛中常见跑者跑步姿势千奇百怪，有人一只手成固定姿势不摆动，有人歪着身子前进，更有人倒退跑步，到底有没有"标准"的跑步姿势呢？其实你的跑步姿势关键在你的双脚落地的方式，上半身和双手的摆动姿势，都是为了保持身体的平衡自然形成的。

既然每一个人的生理结构略有差异，因此每个人跑步姿势不同就不足以为奇，虽然如此，跑步的姿势还是要合乎"力学原理"以减少无谓的摆动。

身体的角度

跑步时身体的角度与地面几乎是成 90 度的。如果是抵终点前的冲刺，身体应会往前倾，否则其它时间都是垂直的，身体前倾时间一长，大腿因力学原理之故，容易产生疲劳。

头部的角度

眼光直式前方大约 10 公尺远的地面，有人误会头部上扬能吸进更多的空气，因而跑步时头部一直扬着. 时间一长之后，颈部肌肉和背部肌肉都因额外的施力收缩而有额外的疲劳。

手臂摆动

上臂与下臂在腰际时应呈 90 度，在上摆时角度会自然小于 90 度，当手臂后摆时，上下臂角度应大于 90 度，从前面观察，手臂在较快的

速度前进时往前摆动到胸口，如果速度较慢时，手臂的摆动幅度也会跟着变小，速度变快时，手臂摆动的幅度也跟着变大，无论幅度大小，整个手臂摆动的轨迹是一致的。

脚部

人在跑步时身体的整体姿势其实是取决于脚着地的方式，中长距离的跑步，脚着地时分三个步骤：脚中间应是着地，因为这个部位结构上最能吸收身体着力时产生的震力，接着着地的是你的脚跟，当脚跟着力后，鞋子有了反弹力量，脚掌往前滚动，此时脚掌只剩脚尖在地上，随着身体重心前移往后踢，身体因而前进。

当进行短距离跑步时，在中间位置着地后，立即转到脚尖 1 的位置，要能如此，必须前一脚的后踢力向足以让身体前移。进行后踢时，主要要小腿的力量，小腿肌肉力量并移，因而无法持久。因此中长距离不要依赖小腿，也就是后踢动作不必过多或过大。

相反的，聪明的长距离选手会利用脚后跟的反弹力量让身体前进，要充分使用脚后跟的力量秘诀是抬起大腿。当你抬起大腿，然后往下摆着地时力量自然加大了。要能抬大腿，使用的肌肉是"腰肌"和大腿肌，后者的肌肉分量是人体肌群中属较多者，因此使用"大腿跑法"较不容易疲劳。

6. 跑步的错误姿势

身体腾空太久

跑步与竞走最大的差异是，身体如果是在跑步状态时，在交换步法时是腾空的，但是竞走时，任何时间身体都不能腾空. 在短距离比赛中，脚尖后踢让身体前移，同时也让身体腾空好争取时间，让另一只腿可以充分前伸。长距离跑步时，腿部前伸幅度较小，因而身体腾空的时间也并不过长，理想的腾空时间是恰巧足够换腿就好，否则这额外的腾空时间只有让前进速度减缓而已，因此跑步时身体上下弹跳保持小幅度，跑者可以请人站在侧边一段距离，观察自己跑步时上下弹跳是否过多。

两肩摆动不足

跑步时的摆动除保持身体的平衡外，良好的摆臂还能充分利用上半身的力量帮助前进，摆动不足，就只有平衡效果，跑步时就完全靠双腿力量而没有利用上半身的肌群帮忙了。

双肩晃动过大

摆臂时因肩关节部位肌肉没有充分放松，所以手臂前摆时肩膀也跟着凸出，在身体疲劳时双肩晃动能帮助身体前进，但是平常前进时，双肩晃动只是增加负担。矫正的方法是，冥想手臂像钟摆，当手臂前后摆动时，上方的肩膀向大钟本身保持不动。可能另外的原因是背部肌力不足要锻炼斜方肌和润背肌。越长的距离越要讲究效率。

后踢过多

前面提过长距离时，后踢的目的是让身体前进，并让另一只腿前摆。由于前伸幅度不像短跑那么大，因此后踢不需过高，否则形成多余动作，影响跑步效率。矫正的方法是当脚掌中间第二部分脚跟着地后，立即准备抬大腿。如此可以减少后踢的动作幅度，增加跑步效率。

7. 跑步的三个指标

我们很小就被教育，锻炼要持之以恒。所以，很多人认为，一旦开始跑步，就必须天天坚持。但按照最新的科学运动成果，跑步并不需要勉强，只要逐步增加训练量就行了。一般来说，采取跑步健身的人，要想达到一定的训练效果，须达到三个基本指标：持续时间20分钟以上；心率120次/分钟以上（青年人）；频率每周3次以上。也就是说，一周跑3~4次就行了。

为什么没必要天天跑步呢？日本富山大学教授、日本田径联盟科学委员山地启司博士在《跑步重点指导》一书中提到：跑步如果是以健身为目的，就要配合休息，否则疲劳过度，身体反而会出现毛病。

一般来说，可以跑两天休息一天，或跑三天休息一天。

锻炼能够促进身体健康是基于"超量恢复"这一理论：超过身体正常负荷量的运动量能带给肌肉和内脏更强的刺激，于是身体会认为它的部件"功率"不够，就会组织"资源"去增强相关的功能，所以身体的健康水平、运动能力便会上升。可是运动也会带来身体疲劳，因此需要给身体一定时间去完成"超量恢复"。否则，不仅影响正常工作生活，还会造成损伤。

根据体力决定跑步天数

不过，如果达不到上述标准，也不能说没有锻炼效果。比如，身体素质差的人一周只跑一次，其他日子选择散步、健走，也能促进身体健康。总之，要根据自己的体力、工作性质、疲劳程度等来决定跑步的天数。至于当天要不要跑步，可以根据肌肉的疲劳程度、早晨醒来时感觉好坏、体重的增减、食欲的好坏等因素决定。

此外，跑步过程中，踝关节、膝关节会承受巨大的冲击力。所以，如果运动者较胖，可以考虑以其他形式的有氧运动，如游泳、太空漫步机、自行车等替代跑步。

辅以其他运动项目

跑步主要是加强心肺功能和身体耐力，如果想获得全面健康，还需要辅以其他项目。我们建议，每周跑步2~3次，参加其他运动项目2~3次。

女性朋友可以选择改善体态的芭蕾、平和心灵的瑜伽、燃烧脂肪的搏击操等；男性朋友可以选择增加肌肉的健美运动，或者提高身体灵敏度，增强自卫能力的技击课程；中老年朋友则可以选择太极拳、太极剑、秧歌等中国传统项目。此外，球类、游泳、远足、攀岩等众多"花样"都可以丰富训练计划。

消耗脂肪的关键之一是尽量用接近你的无氧界限（无氧阈）的运动强度跑步，而正确的姿势能使你无需浪费额外的能量就能达到这个强度。

向前是跑步姿势最重要的一个环节。保证向前的动力能防止疲劳后动作的变形，亚西斯博士建议进行力量和拉伸练习。跑步者的伸拉练习应该是"动力伸拉"，而不是普通的静力伸拉，因为跑步本身是动力性质的。本文介绍的几种拉伸动作可在热身或练习结束后做。

（1）头和肩。跑步动作要领：保持头与肩的稳定。头要正对前方，除非道路不平，不要前探，两眼注视前方。肩部适当放松，避免含胸。

动力伸拉和耸肩。肩放松下垂，然后尽可能上耸，停留一下，还原后重复。

（2）臂与手。跑步动作要领：摆臂应是以肩为轴的前后动作，左右动作幅度不超过身体正中线。手指、腕与臂应是放松的，肘关节角度约为90度。

动力伸拉和抬肘摆臂。两臂一前一后成预备起跑姿势，后摆臂肘关节尽量抬高，然后放松前摆。随着动作加快时越抬越高。

（3）躯干与髋。跑步动作要领：从颈倒腹保持直立，而非前倾（除非加速或上坡）或后仰，这样有利于呼吸、保持平衡和步幅。躯干不要左右摇晃或上下起伏太大。腿前摆时积极送髋，跑步时要注意髋部的转动和放松。

动力伸拉和弓步压腿。两腿前后开立，与肩同宽，身体中心缓慢下压至肌肉紧张，然后放松还原。躯干始终保持直立。

（4）腰。跑步动作要领：腰部保持自然直立，不宜过于挺直。肌肉稍微紧张，维持躯干姿势，同时注意缓冲脚着地的冲击。

动力伸拉和体前屈伸。自然站立，两脚开立，与肩同宽。躯干缓慢前屈，两手下垂至脚尖，保持一会儿，然后复原。

（5）大腿与膝。跑步动作要领：大腿和膝用力前摆，而不是上抬。腿的任何侧向动作都是多余的，而且容易引起膝关节受伤，因此大腿的前摆要正。

动力拉伸和前弓身。两脚站距同髋宽，双手放在头后，从髋关节屈体向前，保持腰背挺直，直到股二头肌感到紧张。

（6）小腿与跟腱。跑步动作要领：脚应落在身体前约一尺的位置，靠近正中线。小腿不宜跨得太远，避免跟腱因受力过大而劳损。同时要注意小腿肌肉和跟腱在着地时的缓冲，落地时小腿应积极向后扒地，使身体积极向前。另外，小腿前摆方向要正，脚应该尽量朝前，不要外翻或后翻，否则膝关节和踝关节容易受伤。可在沙滩上跑步时检查脚印以作参考。

动力伸拉和撑壁提踵。面向墙壁约 *1* 米左右站立，两臂前伸与肩同宽，手撑壁。提踵，再放下，感觉小腿和跟腱紧张。

（7）脚跟与脚趾。跑步动作要领：如果步幅过大，小腿前伸过远，会以脚跟着地，产生制动刹车反作用力，对骨和关节损伤很大。正确的落地时用脚的中部着地，并让冲击力迅速分散到全脚掌。

动力伸拉和坐式伸踝。跪在地上，臀部靠近脚跟，上体保持直立。慢慢向下给踝关节压力直到趾伸肌与脚前掌感到足够拉力。然后抬臀后重复. 动作要有节奏，缓慢。

8. 短跑技术的训练

速度的训练（*3~5* 公斤哑铃）

1. 手持哑铃在肩上做上下举 *30* 次后，绕场慢跑 *2* 次。

2. 手持哑铃原地摆臂交互弓步跳 *30* 次后，绕场慢跑 *2* 次。

3. 手持哑铃体前弯哑铃触地后上举交互弓步跳 *20* 次，绕场慢跑 *2* 次。

4. 手持哑铃侧上下举开合跳 *20* 次后，绕场慢跑 *2* 次。

5. 拉轮胎训练，用 *80%* 速度来进行（重量要够才有效果），*60* 公尺。

短跑的基本训练

1. 原地摆手（或左、右脚）各 *32* 次。

2. 小阶梯单脚跳（左、右脚）各 *2* 次。

3. 跑小阶梯 *4* 次。

4. 抬腿走（缩短半径）20 公尺。

5. 抬腿踢腿走（缩短半径）20 公尺。

6. 抬腿踏蹬跳（缩短半径）20 公尺。

7. 抬腿踢腿踏蹬跳（缩短半径）20 公尺。

8. 抬腿跨大步跑 20 公尺每次。

9. 原地抬腿跑（缩短半径）8 次公尺中速跑。

10. 原地抬腿跑（缩短半径）8 次公尺中速跑（20 公尺）接全速跑（20 公尺）。

11. 原地抬腿跑（缩短半径）8 次公尺全速跑。

短跑的跑道训练

1. 30 公尺快跑接 30 公尺放松跑（速度不变，双手自然下垂放松，嘴巴张开呼吸），中间慢走 60 公尺（约 800 公尺之速度）；

2. 草地上斜对角进行中加速度：

以较慢速度前进听到口令加以快速度（快频率），作六步的加速度跑，在慢下来，再加速度至对角后，慢跑至对面；再作慢速度加速度；慢速度；加速度；（约 1500 公尺之速度）

3. 5 个栏架节奏跑（协调性训练）

步幅及步频训练

星期一：步频训练 30 公尺加速度公尺全速 20 次。

星期二：步幅训练：

1. 小阶梯单脚跳。

2. 跨大步跑 20 公尺次。

3. 大阶踢双腿。

4. 重量肌力训练（哑铃）2 组。

5. 原地摆手（左、右）各 24 次。

6. 全（半）蹲 10 次。

7. 反握举杠铃至胸 12 次。

8. 原地举踵抬腿 20 次。

9. 双手侧平举 8 次。

10. 开合跳（双臂下垂）20 次。

11. 弯腰举杠铃至胸 10 次。

12. 上下阶梯（左、右脚）个 12 次。

星期三：步频训练：下坡跑 50 公尺 20 次。

星期四：步幅训练：上坡跑 50 公尺 20 次。

星期五：步幅训练：同星期二。

星期六：步频训练：1. 跑小阶梯 10 次。2. 60 公尺 12 次。

短跑（韵律感）周期训练表（A）

星期一：渐速跑 100 公尺 16 次（前 50 公尺由慢而快，后 50 公尺全速冲过终点）

星期二：惯性跑 150 公尺 12 次（全速，以体会快跑放松感为主）

星期三：斜上坡训练 50 公尺 16 次（全速）（注意提高膝盖，加大步伐，手臂后摆，脚用力向后推蹬）

星期四：1. 60 公尺 12 次（全速）

2. 200 公尺 4 次（85% 的速度）

星期五：惯性跑 200 公尺全速，以体会快跑放松感为主

星期六：1. 100 公尺（全速）

2. 150 公尺 8 次（90 的之速度）

短跑（加速跑）周期训练表（B）

100 公尺渐速跑 5 次（前 50 公尺由慢逐渐加速，后 50 公尺全速冲过终点。

毋庸置疑，跑步的好处非常多，只要你对跑步的姿态和技巧稍加调整，你就能从跑步中获取更多益处！

跑步可以燃烧脂肪，体重 61 公斤的人慢跑 45 分钟，可消耗热量 2009 焦以上，同时能塑造肌肉，对腿部和臀部效果更明显、全身心地释放压力，不过，每天跑 4～5 公里难免会使人感觉乏味，难以长久坚持。

为了克服跑步的乏味感，同时也为了身心能从跑步中获得更大收益，专家提出以下建议：

1. 群跑有助于改善无聊心态

结伴跑步不仅能提供更多乐趣，还能改善跑步的心态。有同伴相随的跑步锻炼可以增强士气、信心、创造力和快乐的心情。有条件不妨参加慢跑俱乐部，既能锻炼身体，又能结交朋友。

2. 肌肉越强壮，跑步越轻松

最有效的加强腿部力量的方法是跑斜坡。开始最好选择坡度比较平缓的斜坡（如果你是在室内跑步机上练习，可以把坡度提高 4%～5%），重复跑斜坡 3 次，每次中间休息 2 分钟。斜坡跑步应该缩小步幅，加强甩臂，还要注意开始的热身和结束的冷身活动。

举重练习也很有效果。研究表明，举重训练可以提高跑步的经济性，所谓跑步的经济性是指一种对跑步效果的评测，主要参数是跑步时的氧气消耗量。

有助于提高跑步效果的辅助运动包括：举杠铃、冲刺跑和踮起脚尖锻炼小腿肌肉等。

3. 加快跑步速度对精神和肉体都会产生重大影响

大步快跑可以使人感觉更加强壮和自信。对新手来说，下面的跑步速度锻炼计划非常合适：在 1 次 30 分钟的跑步锻炼的中间时段，可以加快速度跑 3 次，每次持续 1 分钟，每次加速之后即恢复正常的跑步速度。此计划可每周施行 1 次，速度应该逐渐增加，循序渐进地增加加速的时间和次数。

4. 室外跑步效果更好

在室外跑步要比在室内跑对身体更有益处，室外变化多端的风景往往能延长跑步的时间。当然好风景并非其优势的全部，研究表明，在同样的身体条件下，跑同样的距离，室外跑步者的心跳速率比在室内跑的人要快。

5. 经常变换跑步的方式

为了增加跑步的耐力、速度和力量，每周至少应该变换 1 次跑步的形式，比如改变加速跑的间隔距离，增加斜坡跑的次数，放慢速度以增加跑步距离（比通常增加 1 公里到 3 公里）等。如果你每次总是用同样的步速跑同样的距离，就很难看到自己的进步。挑战自己的最好方式就是经常变换跑步的形式。

跑步是一种历史悠久，群众性广，锻炼价值较大的健身运动。早在二千多年前古希腊的山岩上就刻下了这样的字句："如果你想强壮，跑步吧！如果你想健美，跑步吧！如果你想聪明，跑步吧！"今天，跑步已成为国内外千百万人参加的群众健身运动，深受人们欢迎，被人们视为最好的健身方法，最完美的健身运动。

9. 跑步练习环境与时间

1. 跑步训练机。优点是不受天气影响，晴雨寒热都可以练习；缺点是无法与大自然接触。因为马达的带动，练习时要将上升角度提升到3至4度才跟在外面跑步地面相似。

2. 田径场。优点是适合计距离，没有交通安全问题。缺点是绕圈跑容易无聊，容易因与其它程度与自己不同或练习内容不同，跑在一起造成自己配速不当，训练效果反而不佳。地面与一般路跑赛时足部着地时感觉并不相同，路跑的选手还是必需常到一般马路去练习。

3. 草地。优点：（1）提供良好的避震效果（2）不平的地面能训练脚踝周围的肌群增加适应力（3）与大自然环境结合，有益身心健康。缺点是地面也许有凹洞造成受伤，所以在第一次到该场地时应先慢速通过，检查和适应地面。

4. 柏油路。不宜长时间练习，人行道或水泥路地面均太硬尤其不利于膝盖。

平常户外练习时以草地/泥土路优先考虑，其次是田径场，再其次是柏油路。

5. 跑步的时间。其实一天当中任何时间都可以进行跑步，只要选择能配合自己的作息时间并且认识到各时段的优缺点，从而去注意一些细节即可。

①晨间跑步。晨间运动最能消耗囤积的脂肪，因为晨间运动会提升新陈代谢率。一般而言，早上空气新鲜，运动后一整天精神旺盛。不过一大早才起身，全身肌肉与神经系统都还处在休息状态。在运动前需有一段唤醒肌肉与神经系统的机会，或者走一段路，淋浴也可以，如果用伸展方式就应格外小心，一开始只要轻转关节，不要大幅度扭动全身。

如果想要跑距离长一些（如10公里）或者想从事中高强度训练，那么运动前必须吃点少量的水果，如香蕉，苹果或橘子汁来增加血糖浓度。避免在运动时有血糖浓度过低的现象，届时有昏眩或跑不下去

的感觉。

②中午运动。部分上班族反而在中午有时间运动，中午运动只要注意防晒就可以。戴帽子，擦防晒油，在跑步前至少一小时吃点食物（如一个三明治或数片饼干）是必要的。因为你在运动时可能离早餐已经四五小时了，血液中血糖浓度已经不足以支持运动所需能量。运动完后再进餐，此时你的食量应该比较少，符合少食多餐的原则。

③傍晚运动。傍晚运动时因为身体经过一天的走动，肌肉与神经系统的运作都已经在高水准状态，因此运动时会更舒服，同样的在跑步前至少一小时吃点食物，可以帮助你在运动时感觉精神充沛。

④晚上跑步。晚上运动可以消耗一整天吸收多余的热量，在台湾晚上天气比较凉快，运动时较舒适。值得注意的是通常人们晚餐较丰盛，因此最好在晚饭后至少两个小时才开始运动，让食物有时间充分消化。

夜间运动如要跑在马路上就必须注意安全问题，车辆是主要的威胁。两个方法可以防止意外，首先是在马路跑步时要跑在左边，这与一般靠右边走的习惯是不同的。因为只有跑在道路左侧，车辆与你是迎面而来，你才可以留意到车子的动向，提早应变。第二可以做的是穿能反光的衣服，能提醒驾驶者你的存在。

夜间运动完后的伸展要完整，别因为觉得累了就早早上床。因为即使肌肉疲惫了，神经系统仍然处于亢奋的状态，没有利用冷却和伸展的机会去平息处于兴奋的神经系统，可能会因此反而睡不好。

6. 提高慢跑乐趣。

①呼朋引伴，好东西与好朋友分享。一个人跑步有时倍感孤单，若能邀集志同道合的朋友一起陪跑，可提高跑步的兴致，达到相互鼓舞打气的效果。

②设定目标，自我突破。可依个人状况，而以距离，时间，速度

等标准来设定阶段性的目标，并逐级突破，从进步的过程中获得成就感。例如操场跑步第一个月固定跑五圈，第二个月提高为十圈，第三个月再提高为二十圈。

③尝试不同的路线，接受各种挑战。跑步的场所并不局限于传统的运动场或公园，还可选择在笔直的大马路，崎岖起伏的山路，不同海拔的登山步道，盘根错结的林间小径，宽广柔软的沙滩等，只要是路就可以跑，就可以挑战。

④结合休闲旅游。将慢跑运动规划在休闲旅游的行程当中，或借由参加路跑比赛顺道享受当地丰富的旅游资源，不但健康又可发挥创意，边跑步边欣赏当地美景，不啻为人生一大享受。

200 米短时间内增快速度的训练

短跑技术要求人的躯干稍前倾，但不能低头弯腰。两臂应弯曲在体侧做前后摆动。

1. 发展爆发力练习可采用以下练习方法：（1）跳深、（2）纵跳、（3）负重纵跳、（4）负重蹲跳起、（5）负重深蹲、（6）负重弓箭步交换跳。

2. 柔韧的练习：

（1）体前屈练习、（2）把杆拉腿、（3）纵、横臂叉、（4）肋部体前后快速屈伸、（5）踢腿（正、侧面以及外摆内合四个方面），盘腿坐膝、（6）快速的蹲立等练习。

比赛前 *30 ~ 40* 分钟可以饮 *200* 毫升葡萄糖水浓度 *40%*，另外吃三片维生素 C，不要吃巧克力。

短跑项目都必须采用前脚掌着地，不能全脚掌，平时多练习下踝腕关节的力量，（双脚起踵练习等）另外在平时的练习中，要注意自己的跑姿，另外还需加强摆腿、蹬地（脚掌爬地）、摆臂等。练习踮

脚尖！练习你的小腿肌肉。这点是为了让你的小腿肌肉适应比赛中的脚尖着地。

3. 在大约 10 米的距离内练习。"尽量快地使自己瞬间把速度提高到你的极限，尽量快地使你的速度降为零"，锻炼你的爆发力。

4. 在弯道进入直道的时候发力（但注意动作的放松）。高重心，大步弧，像跑下坡一样拼到底就好了。估计你跑到 140 米左右就差不多没体力了，那就加强摆臂吧，200 米属于短跑类，起跑首先要注意的，就是上道后要集中精力，听到"预备"时深吸气，听到枪声迅速起跑。其次，看过 200 米比赛的人都知道，200 米起跑的位置在跑道的入弯处。此时起跑器的安放至关重要。安放时应把起跑器的延长线与你所在道次的内侧弧线相切。这样有利于缩短距离和起跑后加速跑。而且要尽量减少呼吸的次数，特别是在冲刺阶段。

1. 锻炼腿部力量。最好的办法就是做跳跃训练，蛙跳、蹲起跳、摸高跳，30～50 个／组，3～5 组。开胯 200 米属于短跑项目，短跑项目都需要开胯，胯打开，你的步距才能增大，同时，速度也会提高。开胯的方法，需要有一定的韧带作基础，之后需要在跑步的时候多进行摸索，很快就能够掌握。

2. 增大步幅抬高膝盖跨度。最后 100 米是训练关键所在，因为这时身体已经有些疲劳，步频会比较难保持，所以应尽量拉大步幅，利用前 100 米的速度惯性尽量保持速度大步放松跑，努力加大呼吸，体会呼吸与步阀节奏的配合。

第二个 100 米一定要注意学会放松自然跑。记住，放松不是不用力慢慢跑，而是不要刻意绷紧全身的肌肉去跑，例如世界顶尖运动员短跑时你会看到他的面部肌肉，胸肌，手臂肌肉会一蹦一蹦的，这就是放松的最高境界，呼吸对于大多数人来讲还是很重要的，每次吸气尽量要大，然后争取在呼气前多跑几步。

跑步能快一点的秘诀就是，你跑步的时候，把重心放低一些，然后把腿的交互运动频率加快，还要把手臂的摆动幅度和频率加快，这样速度会快很多，你自己体会一下就会明白。还要注意保暖，这个也很重要，否则肌肉就会僵下来。

3. 弯道技术。起跑器要放在与横线呈30度角的位置上，也就是说是斜着的，小步起跑，记住，一定要贴内线跑，摆臂上，右臂一定要有力量且幅度很大，比正常跑100的要大很多，而左臂反而是小，比正常的小点；接下来就是快速摆臂，大步朝前迈，如果你步子小的话，一定要有频率。

4. 接近终点。接近终点3米左右时候，利用惯性，用腰部力量送你的上身往前倾，心态，千万不能慌张，相信自己。别看别人，别管别人，你的任务就是专心跑。

要提前1米多压线会快0.2秒，起跑时八字脚起跑步。重心不要抬起，眼睛望前三米，跑的时候脚后跟要抬高，步子要迈大，呼吸顺序是呼呼吸。如果是短跑，一定要有爆发力，笔直冲刺。记住：迅速摆动两臂，笔直冲刺。

400米短跑训练

首先，必须要有良好的身体姿势；而良好身体姿势的先决条件是具备适当的肌肉力量。一些可以强化肌肉力量的运动如：仰卧起坐、伏地挺身、交互蹲跳、引体向上等都对维持良好的身体姿势以及获得有效的跑步动作有益。

标准的跑步姿势是，头部与躯干保持正直，身体相当放松，抬头，眼睛正视前方，手臂自然下垂，手指轻握微向身体中线。脚跨步向前踩时刚好是在身体重心的正下方。

初学跑步的人都犯有步幅太大的错误，也就是当脚跨步向前踩时，

脚着地瞬间的位置是在身体重心的前方。不论体型如何，每个人都有他适宜的步幅长度。其方法是靠经常的练习与尝试修正。

千万不要用脚尖跑，这是一般初学者常患的毛病。这种跑法，当脚尖每次接触地面时，小腿肌肉和脚跟键承受相当大的负荷，长时间下来，小腿会有疼痛现象。以耐力型的长跑来说，以脚跟或全脚掌着地的方式跑才合理。

呼吸的搭配对跑者的速度控制相当重要，以笔者的经验，用步数搭配呼吸是不错的做法。维持均速时，以 4 步吐气、2 步吸气、加速时以 3 步吐气、3 步吸气，耗氧量大时以 2 吐 2 吸为原则。是比赛的话，前 100 米中速，保持跟紧前两个，接着 200 米加速，尽量保持和第一距离不远，最后 100 米冲刺。

从起跑 ~100 米，要全力跑，把速度提上去，200 米 ~300 米保持速度，300 米 ~400 米全力冲刺。这期间你可能会出现"极点"的状况（身体酸软，呼吸困难，抬不起腿，全身难受），这个时候要调整呼吸（不要大口呼吸，要均匀的呼吸），调整步幅和频率（稍降步幅），加强摆臂。咬牙坚持，400 米距离并不长，按照上述方法调整，应该不会有问题。

1. 400 米比赛赛跑。400 米比赛，压枪是非常重要的。其实压枪就是一个投机取巧的办法，因为裁判按表不是听声音的，而是看枪射出的烟雾。在枪响的同时，当你听到枪响的时候其实你慢了 0.2 秒。

2. 注意发令枪。比赛前你要注意发令员的发枪。我们要养成注意听发令员的发令枪的习惯。计算好时间，那样你在起跑线上就可以比别的人快 0.2 秒。你放心裁判不会判你偷抢起跑。起跑后，你快速冲出 150 米。因为你本来就比别人快 0.2 秒。没什么关系，当你快速冲出 250 米，这是个加速过程。到了 250 米以后，你就必须不能在换气了。当你一口气以最高的速度冲出 400 米，在这里有个绝招，因为每

个运动员跑到 250 米后体力都差不多了。不是因为别的，就是在换气时出了问题。到了 250 米后面，大家都在冲。大家都不会注意到这个气流的交换，250 米前差不多就 3 步一换气，到了 250 米后那就是 5 步一换气，因为这里就是决胜的技巧。400 米的节奏是非常重要的，尤其是呼吸的节奏。

3. 最后的 120 米。跑到最后 120 米时，就不完全是用腿跑完的，而是靠上肢带动步幅，也就是臂力在驱动。

首先要起跑反映和起跑双腿向前蹬，而不是往前放，起跑后头不要马上抬起来，人体尽量向前倾，跑过大约 30 米头慢慢抬起，进入中程跑，中程跑最主要的是维持速度，双手摆动要积极，进入冲刺的时候速度的维持和提升是最重要的。

4. 体力的分配。随后改进体力的分配，前程冲出去（当然不是全力，肯定要有所保留。）到了后程虽然体力也有一定的消耗，但成绩却提高了，而且跑完之后也并没有感觉那么累。按照刚刚节奏顺下去，什么姿势放松就怎么跑，像你教练说的，大步子的去跑，到了第二个弯道的时候，可以适当的放慢一下，可以说这个弯道是这 4 个 100 米中速度最慢的。这样就可以为最后的直道冲刺保存一点体力。还有跑步的动作：要注意的就是跑步时一定要放松、协调。这就要求建立在正确动作的基础上，脚的着地应用全脚掌着地，屈膝缓冲过渡到前脚掌蹬地。上体正直放松，两臂自然有力的摆动。

第四章

中长跑运动的竞赛

1. 中长跑步技术要素

中长跑步的技术要素有四个，即耐力、力量、速度和休息。

耐 力

如果我们把跑步看作是一个金字塔，每年一次到两次的最高级的比赛作为它的金字塔顶，耐力基础是塔的塔基。对追求健康的跑步者来说，塔基是他们最感兴趣的。但对大多数的跑步者来说，塔基是整个计划的开始和结束，没有良好的基础，较大强度的力量工作和速度工作是不可能做到的。

部分的跑步者往往忽略了计划，从而使我们的跑步受到不良的影响其实我们可以很好地设计自己的跑步计划，特别是在每年一度的为耐力训练打下良好基础的时间里。

力 量

随着年龄的增长，我们的体力和精神承受能力已经下降到如同悬崖的边缘上了。肌蛋白的减少是随年龄增长而出现的典型病症。在老年人中，由于其肌肉力量的下降和身体极度地虚弱，摔倒和骨折是比较常见的。研究表明：力量训练也能有效地减少老年人摔倒的频率及骨折。

不管什么年龄的跑步者，很少有人努力去锻炼腿部以外的肌肉。但是，在日常训练中，有规律地安排一系列简单的上身力量练习，将有效地提高训练者的跑步能力。目的是提高肩臂的力量和耐力，以及

腹部和背部肌肉的力量。

通过合理地利用双臂，跑步者的成绩可以提高近 12%。不知道利用双臂的普通的跑步者就很不幸，跑步的距离越长，双臂就越疲劳。双臂能有效地维持步幅，是因为他们像一个节拍器一样有节律地带动着腿的节奏。

增加上臂的力量可通过简单的俯卧撑练习。做俯卧撑时不用太快，并注意两臂的宽度来加强背、肩、臂的力量，所有这些部位在长跑的最后阶段将起重要的作用。不要一下子做得太多，刚开始做 4 次到 5 次即可，然后，随着力量的增加而逐渐增加次数。做俯卧撑的好处在于用你自身的体重提供阻力，而不需要投资任何设施。

跑步时，另一块重要的肌肉是腹部肌肉。无力而松弛的腹部是你在长跑训练、比赛的最后阶段步幅减小、胸腔缩小，运送到腹部的空气总量减少。此外由于腹部肌肉的力量差，可能会给和腹部相对的腰部肌肉带来麻烦。

解决的办法是有计划、有规律地做仰卧起坐。这个练习使背部、腰部、腹部肌肉都会得到锻炼。把加强上身力量融入到你的日常跑步中去，简单的方法就是像每天跑完步后要做整理运动一样来做它。一开始做 10 个仰卧起坐，5 个俯卧撑和 20 次双臂屈伸，在两个星期后增加到 12 个仰卧起坐，6 个俯卧撑和 24 个双臂屈伸。

尽可能地加强跑步的力量，一旦有了一定的耐力基础，加大步幅最简单的方法就是山地跑。有规律的山地跑计划将对日常跑步产生奇效，对比赛成绩更是有显著效果。山地跑可增强跑步者的大腿力量，增强腿部的协调性，更可增强大脑的协调性。

对老年跑步者作用更大。在斯坦福大学的调查结果表明：跑山的老年人的骨质密度比那些没参加训练和参加缺乏刺激训练的老年人的要大得多。

进行山地跑训练可以慢慢开始。首先，在山地跑训练时不必跑很陡的山。如果跑很陡的山，那么，所做的唯一的事即是爬山。理想的山地跑，其山路长为四分之一英里，山的坡度不要太陡，这样既能锻炼到腿的后蹬力量，又不至使肌肉过分紧张。

其次，尽量做上山跑。因为当你做下山跑时，地面对脚、踝、膝和腿的撞击力加大了（大约为体重的 4 到 5 倍）。而当你做上山跑时，撞击力会小很多，更有利于加强大腿的力量，有助于跟腱的拉伸。下山跑时要减小跑的步幅。

根据其它系列山地跑的效果，第一周，跑一次；第二周，跑两次。在你计划参加比赛的前 8 到 10 周，把山地跑有效地融入你每周的大强度训练之中。每周重复 1 到 2 次，使山地跑在日常、有规律地中等强度训练中占到中等比例。

速　度

对一个跑步者来讲，有很多方法进行速度训练：到田径场上，重复进行各种各样的短距离跑；做速度游戏；从上快速地跑下来；参加比赛等。

速度训练对每个人都是可以的，对老年人的作用更大，因为它在保持步态的同时，也保持了人体良好的生物力学结构，而这两者将随着年龄的增长逐渐消失。许多没跑过步的成年人，认为自己只是适应日复一日的以每英里 10 分钟的速度慢跑，而不管跑的强度和速度，这是不正确的。

提高速度可以通过三种方法：

1. 增加步频；

2. 增大步幅；

3. 既增加步频又增大步幅。

第一种方法比第二种方法更可取，步幅的增大会造成步幅过大，进而会引起某些生物力学上的问题和运动损伤。

速度训练

尤其是在田径场的速度训练应该是逐渐的（无痛的）提高步频和步幅的训练。重要的是要循序渐进地提高。田径场上的速度训练对于发展速度的感觉是非常重要的，同时也提供了一个改进跑步形式的机会。

休　息

跑步的 4 个要素中，许多跑步者在训练耐力方面打下了一个良好的基础。有的跑步者把速度与耐力协调得相当好。但是，很少有跑步者认真对待休息这个重要的部分。有足够的证据证明，休息在 4 个基本的要素中是最主要的因素。

跑步给我们带来很多的好处，而这些好处都是我们用代价换来的。在跑步中这个代价就是肌体内肌肉组织的不断被破坏和重组的反复过程。无休止地跑步最终会导致肌肉损伤，在跑步中，我们认为损伤和过度使用的含义相同。而肌肉组织在休息后比原来更加强壮了。

为了使我们保持健康，不受损伤，跑得更好，在跑步时需要遵循一些基本的原则。

1. 每周少跑几天。

2. 每周用一些低强度的训练来代替 1 天或 2 天的跑步。如在功率自行车上进行有氧、出汗的训练。

3. 把某些步行活动融入到你的训练之中。

4. 比赛应该少一点。

5. 在你没有比赛任务而准备维护体能时，应尽量尝试降低运动量，保持成绩和坚持降低训练量。

6. 有计划地进行深层组织按摩。

7. 将同样的理论运用到你的日常生活中。我们应该像学习工作一样学习休息和放松这门艺术，这门艺术是值得追求的。通过学习创造性地休息和放松，使我们的身心得到恢复，变的更加强壮。

2. 中长跑步训练技术

跑步呼吸方法

人在跑步时，人体所需氧气需要量随着跑步速度加大而相应增加，为了改变这种情况，需要加快呼吸频率和增加呼吸深度。但是，呼吸频率的加快是有一定限度的，一般最有效的范围是每分钟 35~40 次。如每分钟最高达到 60 次，平均一秒钟就要进行一次呼气和吸气，这样势必使呼吸变浅，换气量减少，影响氧气的吸入和二氧化碳的排出，使血液中二氧化碳浓度升高，氧浓度降低。

注意呼吸节奏均匀。跑步时，有意识地把双脚步伐节奏与呼吸节奏协调起来，一般来说，根据自己体力状况和跑步速度变化，可以采取二步一吸、二步一呼或三步一吸、三步一呼的方法。当呼吸节奏与跑步节奏相适应并形成习惯后，就可避免呼吸急和节奏紊乱，对加深呼吸的深度极为有利。同时还可减轻呼吸肌的疲劳感和减轻跑步中"极点"出现所带来的不良反应。

跑步时采用鼻子吸气。跑步时采用鼻子呼吸并与跑步节奏相协调，能满足体内氧气要求。随着跑步距离和强度加大，氧气需要量增加，改用口鼻吸口呼的呼吸方式，在吸气和呼气时要做到慢、细、长，嘴微张呼气，忌大口快速呼吸或者喘粗气。跑步时呼吸急促，感气憋不畅时，是由于呼气不充分，二氧化碳排出不充分，占据在肺泡之中，限制了氧气的吸入。要想加大呼气量，就用口呼气，并有意识加大呼气的量和呼出的时间。

呼吸的主要目的，在提供人体的氧气需求与排除体内多余的废气。人体安静休息时，每分钟约呼吸 10 至 12 次，每次呼吸的量（潮气量）约 500 毫升，也就是说，人体在安静时的每分钟呼吸交换量约 5 至 6 公升。尽管每分钟吸入体内的氧气多达 1000 至 1200 毫升，但是 70 公斤成人每分钟使用的氧气则只有 300 毫升左右。人体最大运动时的换气量可以达每分钟 100 公升（约安静时的 20 倍），但是人体的最大氧气摄取量则只有每分钟 3000 毫升。这种呼吸交换量增加，氧气使用率反而降低的现象，似乎说明了呼吸并不是人体耐力运动表现的主要限制因素。尽管呼吸的氧气交换量（外呼吸）比身体组织的氧气交换量（内呼吸）还多，但是对于呼吸循环系统而言，不管是肺部的气体交换、心跳率、心脏每跳输出量、人体的血流分布或静脉的回流等，都不是可以由意识控制的人体运动生理变项。唯有运动时的呼吸方式，才是可以由意识控制的运动生理反应，因此，适当了解跑步时的正确呼吸概念，也是相当有帮助的。

1. 跑步速度与呼吸交换量。经常有人提出跑步时，随着步伐"2吸 1 呼"、"2 吸 2 呼"或其它节奏调整的呼吸频率（次数）概念。这种不考虑呼吸交换量大小的原则性说词，是相当错误的跑步呼吸调节概念。事实上，跑步的快慢与呼吸交换量成正比。人体在不同速度下跑步时，每分钟的呼吸交换量可能相差达 10 倍以上，尽管跑步步伐的快慢也会改变呼吸的次数（频率），但是，绝对不要以为单一个呼吸节奏，就可以完全代表跑步的呼吸调节。人体跑步时的呼吸调节会受

到跑步速度的显著影响，尽管两人以相同的速度一起跑步，两人的最佳呼吸节奏（深度与次数）也会有所差异。

2. 影响肺部气体交换量的因素。人体肺部的气体交换受到呼吸频率（次数）、呼吸深度（潮气量）与死腔大小的影响，因此，到底跑步时要增加呼吸的频率或深度，做为运动时增加呼吸交换量的依据？这个问题的解释与死腔大小有关。所谓死腔代表人体口、鼻、咽喉、气管与支气管等气体通路（约150毫升），当吸入的空气通过这些空间时，会保留下死腔大小的空气量，不会进入肺部进行气体交换，因此，尽管安静休息时的每次呼吸量约500毫升，但是真正进入肺部进行气体交换的空气量只有350毫升，如果以每分钟10次的呼吸次数计算，人体安静休息时的真正肺部气体交换只有3500毫升。增加呼吸的深度（每次吸入的空气量），可以显著降低死腔的影响，达成增加肺部气体交换量的目的。特别是随着跑步速度的增快，死腔也会显著增加，如果只以呼吸频率的改变来调节，那么肺部的气体交换效率就不会提升，不利跑步时的氧气增加需求。

3. 以口或鼻呼吸。如何增加呼吸的深度，这是进行跑步呼吸调节的重点。基本上来说，当跑步的速度不是很快，人体的氧气需求量还不高时，以鼻吸气、口吐气的方式，可以获得比较自然的换气调节。此时跑者应尽可能增加鼻子的吸气深度、降低呼吸的频率，以便获得较佳的肺部气体交换效率。当跑步的速度加快后，吸气的深度可以再增加，呼吸的频率也会慢慢提升，若以鼻子吸气的节奏无法达成肺部气体交换的需求（感觉必须以口帮忙吸气）时，表示跑步的速度已经太快，此时应放慢跑步的速度，显然比调节呼吸深度或频率还来的重要（呼吸交换量急遽增加，代表无氧代谢增加）。

4. 胸式或腹式呼吸。以肋骨与胸骨上提扩张胸腔，达成气体进入肺部的呼吸方式，称为胸式呼吸。肋骨与胸骨不动，以横隔膜下缩造成胸腔扩张（腹部突起），达成气体进入肺部的呼吸方式，称为腹式呼吸。事实上，腹式呼吸就是所谓"气入丹田（下腹部）"的呼吸调节方式，也是达成增加呼吸深度的有效手段。跑步时采用腹式呼吸的方式来调节，可以显着提升肺部的气体交换效率。

跑步前要做的准备活动人体各内脏器官及四肢从相对静止状态到较紧张活动需要有个适应过程，因此，人在进行跑步前同样要做适当的准备活动，使机体生理机能能够在动的情况下协调地工作。如果跑前不做准备活动，长跑时往往会发生关节韧带、肌腱扭伤。特别是一起身就进行紧张的跑步。

跑步前的准备活动

跑步前一般可做以下几节准备活动：

1. 站立，两手叉腰，交替活动踝关节；
2. 半蹲，两手扶膝活动膝关节；
3. 两腿交替高抬腿，活动髋关节；
4. 两手叉腰旋腰，活动腰部；
5. 一手扶持，依次前后踢腿、活动髋、膝关节；
6. 前后弓箭步压腿；左右压腿，牵扯腿部韧带；
7. 上体前后屈以及上肢的轻微活动等。

跑步时应该嘴巴闭拢，不能张开，否则二氧化碳会过多的进入身体。跑步呼吸在200米以下都是无氧呼吸，中远距离长跑就用3步一呼吸。姿势是上身挺直，手有规律的摆动。中长跑一般都是脚跟先落地，短跑脚跟不用着地的。

口鼻同时呼吸

人们刚刚开始跑步时，速度较慢，处于热身阶段。此时，身体对

氧气的需求量不大，用鼻子呼吸就可以应付。随着跑步距离越来越长，速度越来越快，身体对氧气的需求会大大增加，此时，光用鼻子呼吸已经不能满足氧气供给的需要。如果光用鼻子呼吸，还容易引起呼吸肌疲劳。所以，就需要嘴与鼻子协同配合，以此来增加氧气的供应，并缓解呼吸肌的紧张感。

在冬天，如何用嘴呼吸还有讲究。一般来说，应该让嘴微张，舌尖顶住上腭，让冷空气从舌尖两旁绕路吸入口腔，从而对冷空气有个加温的过程，避免直接吸入气管，引发咳嗽、不适。呼气时，舌尖从上腭松开，让热空气顺利从口腔中吐出。夏天时无此必要。但在马路或其它空气质量不好的地方跑步时，也可使用这一技巧。

调整呼吸帮助加速

跑步要想取得更好的锻炼效果，总少不了加速跑的过程。加速时，人们往往会感到比较吃力，有些人甚至咬牙让大腿使劲，这个方法是不对的。跑步加速应该从调整呼吸开始，平常两步一呼，两步一吸；加速时，要进行深呼吸，将呼吸时间拉长，同时将步伐频率调快，调整为三步一吸，三步一呼，通过改变频率，把速度提上去。

此外，身体素质不好的人加速时，应先从小碎步开始。跑步加速也是人体这台机器的程序化操作，不是盲目地咬牙蛮干的，通过调节呼吸，能使跑步的时间更持久，锻炼效果更明显。

加深呼吸缓解疲劳

跑到 10 ~ 20 分钟时，很多人会出现跑不动的情况，感到胸闷气喘，腿脚无力，非常想停下来，这是出现了极点。但如果就此停步，就得不到好的锻炼效果。其实，极点的出现主要是因为人体从静止过渡到高速运动需要一个适应过程。这个过程也是呼吸系统、运动系统、循环系统的调整过程。主动调整呼吸可以帮助人迅速度过极点，继续维持运动。出现极点时，应该减慢速度，加深呼吸，帮助氧气与二氧化碳在肺泡充分进行交换，增大交换面积，待不适感减轻时，再加快呼吸频率，同时加速。

运动大约半小时至 40 分钟后，人体可能会出现第二极点。对于运动员来说，这时需要调整运动强度和呼吸频率；对于普通人，建议此时停止运动，稍作休息。

1. 呼吸方法：一步一呼一吸法，两步两吸一呼法。

2. 个人经验：两吸一呼比较有规律。吸气的时候不能把嘴张得太大，特别是冬天的时候如果这样的话，牙冷得受不了，正确的方法是，微张口，口鼻一起吸气，但舌头抵上牙龈。试试就知道了。

3. 呼吸方法：一步一呼一吸法，两步两吸一呼法。

如果身体素质好的话都可以试试两步一呼一吸法，这样可以增加你的肺活量。不能将嘴巴张大，要将前舌抵住上牙齿，鼻子呼吸不过来，就这样用嘴呼吸。

两步一吸两步一呼，一般三步一吸，要看你怎么跑了，如果慢跑 3 步一吸，如果快跑 2 步一吸。

跑步时呼吸和脚步的协调

人在跑步时，体内所需氧气需要量随着跑步速度加大而相应增加，为了改变这种情况，需要加快呼吸频率和增加呼吸深度。但是，呼吸频率的加快是有一定限度的，一般最有效的范围是每分钟 35～40 次。如每分钟最高达到 60 次，平均一秒钟就要进行一次呼气和吸气，这样势必使呼吸变浅，换气量减少，影响氧气的吸入和二氧化碳的排出，使血液中二氧化碳浓度升高，氧浓度降低。

1. 注意呼吸节奏要均匀。跑步时，有意识地把双脚步伐节奏与呼

吸节奏协调起来，一般来说，根据自己体力状况和跑步速度变化，可以采取二步一吸、二步一呼或三步一吸、三步一呼的方法。当呼吸节奏与跑步节奏相适应并形成习惯后，就可避免呼吸急促表浅和节奏紊乱，对加深呼吸的深度极为有利。同时还可减轻呼吸肌的疲劳感和减轻跑步中"极点"出现所带来的不良反应。

2. 跑步时采用鼻子吸气。跑步时采用鼻子呼吸并与跑步节奏相协调，能满足体内氧气要求。随着跑步距离和强度加大，氧气需要量增加，改用口鼻吸气、口呼气的呼吸方式，在吸气和呼气时要做到慢、细、长，嘴微张呼气，忌大口快速呼吸或者喘粗气。跑步时呼吸急促，感觉气憋不畅时，是由呼气不充分，二氧化碳排出不充分，占据在肺泡之中，限制了氧气的吸入。要想加大呼气量，就用口呼气，并有意识加大呼气的量和呼出的时间。

3. 呼吸的主要目的。在提供人体的氧气需求与排除体内多余的废气。人体安静休息时，每分钟约呼吸 10 至 12 次，每次呼吸的量（潮气量）约 500 毫升，也就是说，人体在安静时的每分钟呼吸交换量约 5 至 6 公升。

尽管每分钟吸入体内的氧气多达 1000 至 1200 毫升，但是 70 公斤成人每分钟使用的氧气则只有 300 毫升左右。人体最大运动时的换气量可以达每分钟 100 公升（约安静时的 20 倍），但是人体的最大氧气摄取量则只有每分钟 3000 毫升。

这种呼吸交换量增加，氧气使用率反而降低的现象，似乎说明了呼吸并不是人体耐力运动表现的主要限制因素。

尽管呼吸的氧气交换量（外呼吸）比身体组织的氧气交换量（内呼吸）还多，但是对于呼吸循环系统而言，不管是肺部的气体交换、心跳率、心脏每跳输出量人体的血流分布或静脉的回流等，都不是可以由意识控制的人体运动生理变项。

唯有运动时的呼吸方式，才是可以由意识控制的运动生理反应，因此，适当了解跑步时的正确呼吸概念，也是相当有帮助的运动生理知识。

4. 前脚掌还是后脚跟先着地。开始跑步时，我是用后脚跟先着地，后来改成前脚掌。然后有一段时间跑得慢时用后脚跟先落地，跑得快时用前脚掌先着地。现在无论快慢，都用前脚掌先着地。

5. 用前脚掌先着地有下面两个优点：

（1）脚接触地面的时间短；

（2）能更好地缓冲落地时地面对膝盖的冲击力；

（3）如果想提高速度，就练习前脚掌着地。不过无论是脚掌还是脚跟先着地，在接触地面的瞬间，应迅速过渡到全脚掌着地。

跑步的基本要领

1. 如何提高速度。首先注意到，在长跑中后阶段速度的下降主要是由步频的下降引起的。因此，提高步频是提高速度最有效的方式。马拉松一般提倡快频的方式。另外，步频上的差别也是与专业运动员的主要差别。

跑步一直采用两步一呼、两步一吸的频率。后来在一次马拉松中，第一次采用三步一呼、三步一吸的频率，并且全程坚持了下来。前半程 1 小时 26 分 30 秒，后半程 1 小时 25 分 03 秒，基本上保持匀速。由于步幅变化基本上不大，因此我觉得可以用呼吸控制速度。

2. 蹬地。增大蹬地的力量、或蹬地时用脚掌扒地，会直接使速度的提高。增大蹬地的力量大概会同时导致步频与步幅的提高。但是这个比较耗体力，这些都有一些强化的训练方法。如前所述，蹬地时应尽量水平用力蹬出。

3. 大腿带动小腿。一般关于跑步姿势中有"大腿带动小腿"一句

话，一般不太引人注意，这个其实比较重要。

主要有下面两个因素：

（1）大腿带动小腿，能提高小腿前伸的速度、加快频率。都知道所有踢腿的动作都是大腿带动小腿的，如跆拳道中的横踢，散打中的鞭腿，足球中的踢球，自游泳中的打水，等等。为什么要大腿带动小腿？这可能是有助于力发于腰。在自由泳中，手推完水后小臂立刻放松，大臂带动小臂前伸。而此刻正是自由泳整个环节中最快的。

这些相似性大约是由于人体结构造成的，相同的结构决定了达到类似效果时须采用相似的动作，用生理卫生的话来说，是结构决定功能。

（2）这样有助于小腿的放松。每次训练完小腿都会紧张，然而现在即使跑完马拉松，小腿都很松软，可能与这个关系较大。

4. 放松。放松讲究的是该用力的肌肉用力，不用力的肌肉放松；该用力时则用力，不用力时则放松。

马拉松过程中讲究"放松省力"。比如腿蹬地后，小腿、脚踝立刻放松。这样肌肉紧张—放松—紧张—放松，如果能够达到此循环就完美了。

5. 力发于腰。

跑步技术的分析中见到力发于腰的字眼。也许在实际跑步训练中，教练会教运动员如何运用腰的力量。对于我们业余跑步爱好者来说，老老实实按照现在的跑步技术、姿势做就行了。在跑步时有意识地用上腰的力量，的确能够跑得更轻快，但是比较耗体力。但是对于专业人士来说，只要能够提高一点成绩，耗多少体力大概不是考虑的因素了。

也许是试验次数太少，尚没找到一种经济地使用腰力的方式，如果把腰力用上，肯定能提高成绩。其实，大腿带动小腿，伸展髋关节

的过程中，应该就是使用腰力的时候。

跑步的速度训练

如何提高短跑速度，速度很显然是影响短跑成绩的一个重要因素。以 90% ~ 95% 的强度进行 20 ~ 60 米跑，每组跑 4 ~ 5 次，每次休息 3 ~ 6 分钟，进行 2 ~ 3 组，这将有助于提高你的速度。同时，改变短跑的起跑姿势，采取站立式、转身式和行进间起跑，这也有助于提高你的速度。上面这种提高速度的训练，应在质量良好的，即平坦、干燥、硬度适中的道面上进行。温暖的天气将有利于提高这种训练的效率。冷天气不利于这种训练，但在完成适当的准备活动后也可以进行。

发展步频：最佳时期 11 ~ 13 岁。侧重于提高肌肉的快速收缩速度，加强对神经系统的兴奋与抑制过程的灵活训练，提高肌肉快速收缩力量与肌肉的放松能力。

1. 训练手段。高速大幅度摆动腿前后摆动联系，要求在快速摆动中完成合理的折叠技术，摆动腿大小腿折叠得越紧，半径越小，摆速越快。

（1）速度练习。加快脚掌着地速度练习，要求尽可能地缩短腾空时间。

（2）快速摆臂。摆腿练习，要求腿臂动作协调进行。

2. 发展步长。步长能力的大小主要决定于跑时的后蹬力量，后蹬角度，摆动力量，摆动速度，以及髋关节的灵活性等。着重发展大腿的伸肌，屈肌的力量和髋关节的灵活性。方法：负重换腿跳，负重大步走，负重跑，负重跳台阶，跑台阶，大幅度的跨步跳（要求摆动腿积极下压和小腿由前向后积极着地），蛙跳，单足跳等练习，提高跑时的后蹬能力。与此同时，采取高抬腿跑，拉橡皮条高抬腿"车轮跑"，收腹跳等训练手段，提高摆动速度，并且采取其它一些训练方

法和训练手段，加强髋关节的灵活性和肌肉的伸展性训练。

3. 发展绝对速度。必须注重步长和步频的最佳组合，及跑的技术动作各环节的时间也空间的节奏。

训练方法：

（1）20～40米行进间快跑练习；

（2）40～50米接力跑，加速跑，追赶跑练习；

（3）下坡跑练习；

（4）顺风跑练习。

（5）各种短段落的变速跑练习：

①行时间跑30～60米，3～4次2～3组。

②短距离接力跑2人50米或4人50米，3～4次2～3组。

③短距离追赶跑60～100米，3～5次3组。

④短距离组合跑（20米＋40米＋60米＋80米＋100米）2～3组。或（30米＋60米＋100米＋60米＋30米）2～3组。

⑤顺风跑或下坡跑30～60米，3～4次2～3组。

⑥短距离变速跑100～150米（30米快跑＋20米惯性跑＋30米快跑＋20米惯性跑），3次2～3组。

⑦胶带牵引跑30～60米，4～5次2～3组。

⑧反复跑30～60米，4～5次2～3组。

4. 发展反应速度和动作速度的训练方法。

（1）做各种球类运动：

①双手推滚球→接着起跑追赶滚动球的练习；

②双手向前上抛出球→接着跑出追赶并接住球的练习。

（2）各种游戏性质的反应练习；

（3）发令或听信号（口令、掌声等）的蹬起跑器的练习；

（4）半蹲踞式姿势，听到枪声迅速向上跳起并触及高物；

（5）最快速度的摆臂练习，持续时间 5 ~ 10 ~ 20 秒；

（6）最高频率的各种形式高抬腿跑，持续时间 5 ~ 10 秒；

（7）最快频率的小步跑、半高抬腿跑，距离 30 ~ 40 米；

（8）快速后蹬跑，完成距离 50 ~ 100 米（计时、计步）；

（9）快速跨步跑，完成距离 50 ~ 100 米（计时、计步）；

（10）快速单足跑，完成距离 30 ~ 60 米（计时、计步）；

（11）直立姿势开始，逐渐各前倾斜接着快速跑出；

（12）在 2 ~ 3 度的斜跑道上，快速完成上坡或下坡加速跑练习，距离 40 ~ 50 米，双手摆臂前脚掌抬起后脚跟。

跑步的耐力训练

1. 主项与接近主项距离的跑。在速度耐力训练中占的比重较大，对提高专项能力有重要的作用。主要练习方法有：（1）300 米 6 ~ 8 次，间歇 6 分钟；

（2）（300 米 + 200 米 + 100 米）组合跑 4 ~ 5 组，间歇 3 ~ 4 分钟，组间间歇 7 分钟；

（3）（300 米快 + 50 米慢 + 100 米冲刺跑）4 ~ 5 组，组间间歇 8 分钟；

（4）400 米检查跑 1 ~ 2 次，间歇 25 分钟到 30 分钟。

2. 超主项距离的跑。对提高跑的能力是必不可少的，主要练习方法有：

（1）500 米 5 ~ 6 次（80% ~ 90% 强度），间歇 8 分钟；

（2）800 米 3 ~ 4 次，间歇 10 分钟；

（3）（1200 米 + 600 米 + 400 米）组合跑 2 ~ 3 组，间歇 5 ~ 8 分钟，组间间歇 15 分钟。

3. 速度耐力的训练。在进行速度耐力训练时，还要相应发展一般

耐力、力量耐力和协调能力等有关素质，主要练习方法有：

（1）发展一般耐力可采用越野跑、30～40分钟定时跑、球类活动等；

（2）发展力量耐力时，可采用负重连续跳、较长距离的跨步跳、单足跳、高抬腿跑等练习方法。

（3）通过各种跑的专门练习，如加速跑、弯道跑等练习，体会正确技术，发展动作协调能力。

4. 弯道起跑和起跑后的加速跑。为了便于加速，起跑后开始一段距离应沿着直线跑进，起跑器安装在跑道的右侧沿，正对弯道切点方向。弯道起跑后的加速跑距离短，较大前倾的身体要早些抬起。

5. 弯道跑。进入弯道时，身体向内倾斜，后蹬时右腿用前脚掌的内侧用力，左腿用前脚掌的外侧用力。右肘内扣，右臂摆幅加大，前摆时稍向内，后摆稍向外，左臂稍离开躯干。弯道跑的蹬地与摆动方向都应与身体向圆心方向倾斜一致。

3. 800 米中长跑

800 米跑步技巧

1. 深呼吸。深深地缓慢地从鼻孔中吸一口气，充满腹部，然后全部呼出。

在做伸展动作前和在做完一个动作后准备加力时，此法可提高信心，减轻压力，集中注意力。

2. 鼻呼吸。用鼻轻柔地缓慢地吸气，充满肺部，扩展胸腹部，口呼气。所有动作中都可进行，增强心脏速率动作除外。

3. 轻呼吸。腹部微收，气从鼻轻轻地吸入，保持腹部收缩。此法适用于紧张的收缩运动，提供氧气，有益于提高运动成绩。

4. 急呼吸。深吸一口气，收腹急喷出气，再吸气。此法用于俯卧运动或传统的腹部运动，可有效地刺激能量爆发。稍快的一直跟，不要选太快或者太慢的，至少在第 2、3 梯队，后面冲就靠体力了，跟是一种技巧，绝对比平时自己跑要好，不过要天天锻炼。在前 200 米要稍微快一点，到了 200 米到 600 米要靠耐力跑，到了最后 200 米就要以最后的力气冲刺。

其实 800 米一开始就不能被拉下，必须要在前三，而且最后冲刺你就用意念想着只有向前猛冲才有生路，更容易赢。

呼吸对于中长跑来说是一个很关键的问题，中长跑最适合口鼻共享，即要用鼻呼吸，还得把嘴微张开共同呼吸，这样可以加大吸氧量，因为跑步过程中需要消耗大量的氧气。呼吸要匀，要有节奏，不能忽快忽慢，否则会打乱你的节奏，消耗很多体能。另外除了呼吸还得注意比赛前的慢跑热身，准备活动，赛前心理调整，跑步姿势，身体重心，摆臂姿势，坚强的意志等。

怎样跑好八百米

800 米是中长跑中比较难的项目，难点就在于它既要求选手的爆发力，也要求选手的耐力。800 米的优异成绩是要靠长期训练所积累的，一般的非专业训练是依靠 1000 米跑来进行的。如果想进行训练，自己查一下训练方法。

1. 首先是呼吸。一般采用两步一呼、两步一吸，或三步一呼、三步一吸。呼吸时要注意加大呼吸深度。如果感到鼻息不够，微微张口进行辅助呼吸，切忌张大口快速的呼吸。

800 米可以把它分为四个 200 米来跑,头一个 200 米是起跑的过程,要占据一定的领先位置,由于不是起跑就可以压道,所以在并道前要占据一定的领先位置;第二个 200 米是确定途中位置的关键时期,如果没有绝对的优势,不要领跑,处于中间靠前位置为好。

第三个 200 米是疲劳期,切不可由于体力减弱而随意放慢速度或改变节奏,这个时候要调整呼吸,匀速奔跑,坚持住。最后一个 200 米就开始要加很多速了,把这个 200 米分为两个 100 米,第一个 100 米也最后一个弯道,运用好了弯道技术,就能超越领先的对手或拉大与后面对手的距离,在进入直道后,也就是最后 100 米,就用所有的体力,进行冲刺。

另外,比赛前若干天,少吃或不吃含糖食物,到赛前三天开始多吃高糖食物,比赛当天吃饭七八成饱,食用好消化的事物,切忌油腻,冷硬食物,比赛前 30~40 分钟可以饮用一些葡萄糖,还可以吃一些维生素。不要听信别人劝告或靠大多数人的想像那样去食用巧克力,在比赛前几天,或赛后食用才是科学的。

最后,竞技中的优异成绩是靠日积月累的训练来造就的,希望你不只重视比赛,在平日就要注意科学锻炼身体。

4. 1000 米中长跑

1. 赛前注意。不要喝其他饮料,口渴可喝白水,赛前 30 分钟之内不要吃任何食物。

(1)比赛。当天绝对不能吃巧克力等甜食,吃了比赛时嗓子会发粘。(2)了解一下对手的情况。谁的水平高,谁的成绩好,做到心中有数。其次是自己做好充分准备。准备一套穿着舒适的运动服，切记运动鞋不能穿新的，易磨脚。

2. 准备活动。（1）先慢跑微出汗就可以。（2）做压腿、压腰、转体、抻肩等活动，将相关的关节、韧带、肌肉都活动开。（3）做2、3个30米的加速跑。以上内容在比赛前20分钟做完。

3. 以后的时间。（1）上跑道后做几次原地的纵跳，提高一下兴奋。（2）这段时间要注意保持体温，不要使身体凉下来。

4. 比赛时。（1）用嘴和鼻子同时呼吸，舌头顶上颚，让空气从舌头两侧通过，可以湿润空气，也避免凉空气直吹嗓子。（2）跑1000米速度，但是跑太快了到后面没力气，等你保留实力人家都到终点了，所以根据自己的实力开始发力在自己80%左右。提高速度这样能让你早一点进入无氧呼吸的状态，进入无氧呼吸的状态后一定要以顽强的意志力坚持下去，靠加强摆臂来冲破极点。

但是这必须有相当好的素质才能很好的运用。需要注意这样以较高速度的话到后半程的冲刺是靠平时训练积累下来的身体素质支撑的，一般到最后200米就没有　点力气了，在跑的过程中你把力量使在脚上和脖子上是加快不了你的速度的，在跑的过程中特别是出现极点和冲刺的时候你必须咬紧牙关坚持下去加强你的摆臂幅度和频率，加快摆臂自然你的速度就上去了，这就是我为什么反复强调摆臂的原因。在跑的过程中一定要放松，特别说下过弯道的技术，过弯道时身体重心稍微向内侧，加大步幅即可。

5. 事项。（1）姿势和摆臂动作。身体保持稍前倾或正直的姿势。头自然地和身体保持直线，微收腹，送髋，面和颈肌肉放松。两臂的摆动还起着调节步长和步频的作用，要想两腿交换快，两臂就得摆动快；摆动时，以肩关节为轴，用肘发力做前后自然摆动，摆臂一定要放松。

（2）腿部动作。脚着地前，以摆动腿大腿积极下压，小腿顺势自然前摆，并同时后摆做"扒地"动作着地。着地应用脚跟，然后过渡到全脚掌滚动式着地。脚着地后，应迅速屈踝、屈膝和屈髋完成缓冲动作，之后充分蹬直。

6. 呼吸。保证呼吸节奏，三步一吸三步一呼，要用鼻孔吸气嘴巴呼气，要以吸气为主进行气体交换，每一个呼吸周期必须充分地呼气才能保证所需吸气量。

跑之前可以听下音乐放松，站上跑道心理紧张的话可以大叫一声。跑的时候一定要放松，跑的过程中手应该半虚握着，不要把拳握得很紧也不要咬紧牙齿把脖子绷得很紧，那样只会分散你的力量分布。

7. 突破自身极限。中长跑时，由于氧气的供应落后于身体的需要，跑到一定距离时，会出现胸部发闷，呼吸节奏被破坏，呼吸困难，四肢无力和难以再跑下去的感受。这种现象称之为极点"。这是中长跑中的正常现象。当"极点"出现后，要以顽强的意志继续跑下去，同时加强呼吸，调整步速。这样，经过一段距离后，呼吸变得均匀，动作又感到轻松，一切不适感消失，这就是所谓的第二次呼吸状态。赛前，按照以上方法多练几次，慢慢掌握就好了。

1000 米要想跑好就要练更长的距离，不管你韧带拉没拉开，再跑前，一定要拉 15 分韧带，不要太大力以免拉伤肌肉，适应 40 秒后再举定具体的拉伸长度。在比赛前期训练中要尽力跑长的距离，不要停，不能超过比赛时的 2 倍。还要有信心和蔑视一切的狂傲，不管对手比你强多少。

1000 米跑步技巧

1. 准备阶段。（1）这几天坚持每天慢跑一段距离，每天控制在 2000 米以上，注意是匀速跑，也别太慢。（2）慢跑完休息充分冲刺几

次，大概 100~150 米，是为了提高 1000 米的后程冲刺。（3）临比赛前那三五天多补充些牛肉、奶制品（钙）等，积蓄身体所需的能量和无机盐。（4）临比赛前的几天一定不要太疲劳，可以轻微地活动一会，热身充分后冲刺一两次。（5）这几天，一定要休息、放松充分。

2. 比赛阶段。（1）注意全程的节奏，前面不要太紧张，要跟上靠前的选手，用轻快的步伐跟紧，过了一圈开始采取不同的策略：如果人家加速，你也别落后，但加速别太猛，留着劲到最后的 150 米处全力冲刺。（2）比赛前一小时喝红牛，这个会起到一定的作用。（3）赛前那晚一定要休息充分，那天的饮食一定要舒服，不要吃太稀的、不好消化的。（4）赛前可以听些比较激情的音乐，调整自己的兴奋点。（5）自信，相信自己可以战胜一切。（6）如果你是想作为长期的训练，不妨每天都坚持长跑，肯定会有成效的，加油。（7）如果有时间的话可以先每天跑 100~200 米。（8）如果身体底子好，可以适当的多一点。（9）然后一到两个星期再加 100~200 米。

1000 米跑步的呼吸方法

正确掌握跑步时的呼吸方法，是练好中长跑的重要一环，也是掌握中长跑的跑步节奏以及节省体力提高成绩的关键所在。

1. 有意识地憋气，然后喘粗气练习。在中长跑中，身体往往会出现无意识的紧张，从而导致呼吸不顺畅，并引起胸部和肌肉的紧张，心肺等胸腔内的脏器受到压迫，形成憋气，然后喘粗气跑步。从生理学角度来讲，憋气、喘粗气会使胸内压增大，阻碍静脉血回流，使心输出量减少。

而且由于憋气、喘粗气，可反射性的使肌肉持续紧张，限制了组织间的交换，尤其是在氧代谢不足的情况下，更加剧了组织的缺氧，肌肉中的乳酸浓度快速提高，导致身体过早产生疲劳，影响了训练的效果。很容易影响身体动作的规格以及动作的连贯性和奔跑速度。

2. 步法与呼吸的节奏感差。在奔跑中呼吸与步子配合不起来，在练习时动作不协调，看上去十分吃力。跑步时呼吸的方法一般有以下两种：一步一吸一步一呼和二步一吸二步一呼。

这个动作就涉及到呼吸与步子之间的节奏是否一致，一些初学者不够熟练，节奏感较差，加上吸气不深，呼气不足，奔跑时就出现了吸气快，动作慢，从而造成步子与呼吸不能协调一致，最终导致喘粗气，失去了奔跑时的节奏。

3. 呼吸与步法的配合。（1）呼吸与手臂的配合。在刚开始练习中长跑时，先有意识的学习呼吸的方法以及一些练习呼吸的辅助方法，如肺活量练习等，并过渡到与手臂的摆动相配合，要求作到一次或者两次手臂摆动做一次呼吸配合。

在开始跑步时，要注意摆臂的速度刚开始不要过快，这样经常性的进行反复练习，呼吸与手臂的配合就会慢慢地协调起来，这个阶段是练习中长跑的基础，所以在跑步时对呼吸要领要弄清楚，并时刻注意观察、提醒、纠正，然后短距离与步子配合练习，自己在跑步中体验呼吸与手臂的配合，通过反复地强化，加深对奔跑节奏的感觉，为中长跑打下坚实的基础。

（2）初练时强调呼吸自然。在进入中长跑练习的初始阶段，应突出强调呼吸的自然就行。因为在刚开始练习时，由于初学者还不熟练，造成太在意呼吸与步子的配合现象，呼吸有些过于做作，导致动作僵硬，反而形成身体的不协调，呼吸不自然，上下难顾，这时根本谈不上呼吸与步子的紧密配合或呼吸的柔和细长。所以在刚练习时应注意呼吸自然，心静体松，在这个基础上再强调与步子的配合，就会起到更好的效果。

4. 熟练阶段突出呼吸与步法的配合。正确的中长跑，要求达到中

长跑的技术要求，即动作要规范。呼吸与步子的配合协调、柔和，这时应强调呼吸的意识，突出呼吸与步子的紧密配合，在达到熟练阶段时，长跑人的跑姿轻松自然，呼吸顺畅，中长跑的测试成绩也有了突飞猛进地提高。而且"极点"出现的时间也越来越短，出现的"极点"反应也越来越小。应该说中长跑成绩的提高是不断地克服"极点"来实现的，可见呼吸节奏的好坏对中长跑成绩好坏起着致关重要的作用。

中长跑成绩的提高，呼吸与步法的紧密配合是很关键的，但是还要与其它的手段相配合，包括科学的训练手段、方法等，这样才会起到好的效果。

5. 1500 米中长跑

1500 米跑步技巧

长跑主要靠你的能力，当然也有一些简单的速成方法略微提高一下跑步成绩。

1. 长跑是一个有节奏的运动项目。跑步步伐的大小，步频和呼吸的相互协调都是很重要的。我的习惯是一步一吸两步一呼，至于频率，你可以在每天晚自习结束以后跑步回家寻找最适合自己的频率和步伐大小。

2. 调整你的跑步姿势。大多数女生跑长跑特别是 400 米以后都会选择叉腰，这个是最错误的方法。跑步的手臂摆动特别重要，要有力而且方向要和前进方向一致，前后臂成垂直角度，不要横向摆动。上

身可以前倾但不要摇头晃脑，迈步的时候头要抬起不要盯脚。跑步的腾空阶段小腿是处于放松的，蹬地的时候则是发力的，就是一张一弛，也是一个节奏，保持好这种节奏能够最低限度的消耗体力。

3. 短期训练主要是提高肌肉的无氧呼吸能力。比较好的办法是300 米 700 米和 900 米的冲刺，能冲多快冲多快。一般 300 米冲刺之后休息 1 分钟马上进行 700 米冲刺再休息 90 秒进行 900 米冲刺。这里说的冲刺不是要求高速度，而是尽你所能，也可能 700 冲刺的最后 100 米都跟慢跑一样了，而 900 米的冲刺更是全程都似乎在走路，这个不要紧，重要的是竭尽全力，这样对于肌肉无氧呼吸能力非常有好处，第一次训练可能第二天你就会觉得全身酸痛，那就是因为无氧呼吸产生的乳酸堆积所致。每天一次这样的训练就够了，其他的训练可以少量进行深蹲和卧推训练，提高上肢和腰腿的力量。

4. 跑步的时候注意策略。一般领跑的人需要多消耗 30% 的体力。因此一般情况下不要领跑，除非你有很大的优势把对手甩开。照你说的情况，建议你有实力的话可以在第一集团跟跑，一般位置保持在 2、3、4 位都比较好，这样是很有希望争取前几名的。等 5 圈之后再看情况是否发力。当然看情况而定，比如有人一开始就跟跑 400 米一样的，这种人可以不跟，总之不要被别人把自己的节奏打乱为限，视自己的能力而定。

5. 起跑时应注意的问题。如果没有排位，尽量占到靠近内道的优势位置，第一圈不要抢快，保持好自己的节奏，保持自己的体力，不要和第一集团拉开太大距离；第二三圈的时候，其他选手速度明显会减慢，趁这个时候慢慢提速，拉近与领跑者的距离，第四圈的时候就要爆发小宇宙了，最后 200～300 全力加速，最最重要的是要有自己的节奏，呼吸协调好，意志＝耐力。

6．3000 米中长跑

中长跑注意事项

1. 匀速跟跑。中长跑讲究在跑的过程中要匀速。一般情况下都是匀速跑成绩最好，但也不排除最后要冲一下。根据自己的训练水平，在比赛起跑时，都要猛冲一下，不要慌，冲几十米就要慢下来；然后，保持自己的速度，最好是跟随跑，就是跟上一个与自己水平差不多的人。

2. 注意呼吸。要三步一呼，三步一吸。就是向前跑三个单步，一直保持吸气，再跑三个单步，一直呼气。如果气短，做不到，就改成二步一呼二步一吸。注意：嘴不要张的太大，否则，进冷气会肚子痛。如果是 *400* 米标准场地，就是 *2* 圈，在最后 *200* 米时，要用尽全身力气，向前冲，这时可以大口呼吸，直到冲过终点。一定能取得好成绩。

根据你的能力，应该采用匀速跑战术：除起跑后加速跑和最后冲刺跑外，途中基本上采用较高速度的匀速跑。

3. 呼吸方法。中长跑过程中，人体消耗能量大，对氧气的需要量也大，因此，掌握正确的呼吸方法是很重要的。中长跑途中，为了加大肺通气量，呼吸时采用口鼻同时进行呼吸的方法。呼吸节奏应和跑步节奏相配合，一般采用两步一呼、两步一吸，或三步一呼、三步一吸。呼吸时要注意加大呼吸深度。

4. "极点"和"第二次呼吸"。中长跑时，由于氧气的供应落后于身体的需要，跑到一定距离时，会出现胸部发闷，呼吸节奏被破坏，

呼吸困难，四肢无力和难以再跑下去的感受。这种现象称之为极点。这是中长跑中的正常现象。

当"极点"出现后，要以顽强的意志继续跑下去，同时加强呼吸，调整步速。这样，经过一段距离后，呼吸变得均匀，动作重又感到轻松，一切不适感觉消失，这就是所谓的第二次呼吸状态。

在中长跑运动中，多因准备活动不充分，容易发生腹痛情况，主要是由胃肠痉挛引起，此时学生切不可紧张，可用手按住痛的部位，减慢跑速，多做几次深呼吸，坚持一段时间，疼痛就会消失。

或者采用跟随跑战术：出发后，始终跟随在领先者或小集团后面，力争在最后冲刺阶段超过对手，率先通过终点。

5. 跑步的动作。要注意的就是跑步时一定要放松、协调。这就要求建立在正确动作的基础上，脚的着地应用全脚掌着地，屈膝缓冲过渡到前脚掌蹬地。上体正直放松，两臂自然有力的摆动。

6. 做好准备活动，田径运动很容易造成肌肉、关节和韧带损伤，尤其下肢受伤的机会更多。防止的唯一办法是赛前的准备活动，准备活动越充分越不容易受伤。可在慢跑的基础上对肩关节、肘关节、背腰肌肉、腿膝踝关节等部位进行活动，强化肌肉韧带的力量，提高机体的灵敏性和协调性，从而防止受伤，就可提高运动成绩。

7. 保持良好状态。运动或比赛前，应注意保持良好的睡眠和体力的积蓄，赛前应控制过多的饮食和饮水，更不得饮酒。

8. 运动或比赛后。应做好放松活动，以尽快恢复体力和肌肉的力量。其方法是对身体各部分进行放松性的抖动、拍打，双人合作互相按摩等。

9. 等全身发热后再脱外衣，长跑结束后应立即披上外衣，以防伤风感冒。长跑时所穿的鞋袜应柔软合脚。

中长跑的训练方法

中长跑是对速度和耐力要求都较高的项目。在中长跑的训练中，训练的不仅是身体素质，还有拼搏精神和顽强不屈的意志，为此，要采用"多元性"的训练方法，如趣味性、游戏性、越野性、竞赛性，尽量避免运动员的厌恶情绪，使他们能够在兴奋的新环境下达到训练的目的。还要注意培养思想意识，使意志坚强，有毅力，这有利于运动员冲破"极限"提高成绩。

在中长跑中，影响中长跑的生理因素也很多，如呼吸系统，心血管系统、代谢系统、神经系统，为此，中长跑的训练要注意呼吸频率，特别要注意训练过后的放松运动，在训练后匀速呼吸，四肢放松可以弥补中长跑冲刺过后的缺氧状况。

另外，中长跑，虽然对耐力的要求很高，但力量的要求也不可忽视，在训练中要把力量和耐力的训练交替进行，避免单一的训练会对身体造成疲劳。

一个好的运动员不仅有良好的身体素质，也需要丰富的理论知识，只有科学的训练方法才会使运动员发挥最佳水平。

1. 呼吸方法。人在跑步时，人体所需氧气需要量随着跑步速度加大而相应增加，为了改变这种情况，需要加快呼吸频率和增加呼吸深度。但是，呼吸频率的加快是有一定限度的，一般最有效的范围是每分钟 35~40 次。如每分钟最高达到 60 次，平均一秒钟就要进行一次呼气和吸气，这样势必使呼吸变浅，换气量减少，影响氧气的吸入和二氧化碳的排出，使血液中二氧化碳浓度升高，氧浓度降低。

2. 注意呼吸节奏均匀。跑步时，有意识地把双脚步伐节奏与呼吸节奏协调起来，一般来说，根据自己体力状况和跑步速度变化，可以采取二步一吸、二步一呼或三步一吸、三步一呼的方法。当呼吸节奏

与跑步节奏相适应并形成习惯后，就可避免呼吸急促表浅和节奏紊乱，对加深呼吸的深度极为有利。同时还可减轻呼吸肌的疲劳感和减轻跑步中"极点"出现所带来的不良反应。

3. 跑步时采用鼻子吸气。跑步时采用鼻子呼吸并与跑步节奏相协调，能满足体内氧气要求。随着跑步距离和强度加大，氧气需要量增加，改用口鼻吸口呼的呼吸方式，在吸气和呼气时要做到慢、细、长，嘴微张呼气，忌大口快速呼吸或者喘粗气。跑步时呼吸急促，感觉气憋不畅时，是由于呼气不充分，二氧化碳排出不充分，占据在肺泡之中，限制了氧气的吸入。要想加大呼气量，就用口呼气，并有意识加大呼气的量和呼出的时间。

4. 呼吸的主要目的。在提供人体的氧气需求与排除体内多余的废气。人体安静休息时，每分钟约呼吸 10 至 12 次，每次呼吸的量（潮气量）约 500 毫升，也就是说，人体在安静时的每分钟呼吸交换量约 5 至 6 公升。尽管每分钟吸入体内的氧气多达 1000 至 1200 毫升，但是 70 公斤成人每分钟使用的氧气则只有 300 毫升左右。

5. 提高呼吸的换气量。人体最大运动时的换气量可以达每分钟 100 公升（约安静时的 20 倍），但是人体的最大氧气摄取量（米 ai 米 aloygenuptake）则只有每分钟 3000 毫升。这种呼吸交换量增加，氧气使用率反而降低的现象，似乎说明了呼吸并不是人体耐力运动表现的主要限制因素。

尽管呼吸的氧气交换量（外呼吸）比身体组织的氧气交换量（内呼吸）还多，但是对于呼吸循环系统而言，不管是肺部的气体交换、心跳率、心脏每跳输出量、人体的血流分布或静脉的回流等，都不是可以由意识控制的人体运动生理变项。唯有运动时的呼吸方式，才是可以由意识控制的运动生理反应，因此，适当了解跑步时的正确呼吸概念，也是相当有帮助的运动生理知识。

6. 跑步速度与呼吸交换量。经常有人提出跑步时，随着步伐"2吸1呼、2吸2呼"或其它节奏调整的呼吸频率（次数）概念。这种不考虑呼吸交换量大小的原则性说词，是相当错误的跑步呼吸调节概念。

事实上，跑步的快慢与呼吸交换量成正比。人体在不同速度下跑步时，每分钟的呼吸交换量可能相差达10倍以上，尽管跑步步伐的快慢也会改变呼吸的次数（频率），但是，绝对不要以为单一个呼吸节奏，就可以完全代表跑步的呼吸调节。人体跑步时的呼吸调节会受到跑步速度的显著影响，尽管两人以相同的速度一起跑步，两人的最佳呼吸节奏（深度与次数）也会有所差异。

7. 影响肺部气体交换量的因素。人体肺部的气体交换受到呼吸频率（次数）、呼吸深度（潮气量）与死腔大小的影响，因此，到底跑步时要增加呼吸的频率或深度，做为运动时增加呼吸交换量的依据？这个问题的解释与死腔大小有关。

所谓死腔代表人体口、鼻、咽喉、气管与支气管等气体通路（约150毫升），当吸入的空气通过这些空间时，会保留下死腔大小的空气量，不会进入肺部进行气体交换，因此，尽管安静休息时的每次呼吸量约500毫升，但是真正进入肺部进行气体交换的空气量只有350毫升，如果以每分钟10次的呼吸次数计算，人体安静休息时的真正肺部气体交换只有3500毫升。增加呼吸的深度（每次吸入的空气量），可以显著降低死腔的影响，达成增加肺部气体交换量的目的。特别是随着跑步速度的增快，死腔也会显著增加，如果只以呼吸频率的改变来调节，那么肺部的气体交换效率就不会提升，不利跑步时氧气增加的需求。

8. 以口或鼻呼吸

如何增加呼吸的深度，是进行跑步呼吸调节的重点。基本上来说，

当跑步的速度不是很快，人体的氧气需求量还不高时，以鼻吸气、口吐气的方式，可以获得比较自然的换气调节。此时跑者应尽可能增加鼻子的吸气深度、降低呼吸的频率，以便获得较佳的肺部气体交换效率。当跑步的速度加快后，吸气的深度可以再增加，呼吸的频率也会慢慢提升，若以鼻子吸气的节奏无法达成肺部气体交换的需求（感觉必须以口帮忙吸气）时，表示跑步的速度已经太快，此时放慢跑步的速度，显然比调节呼吸深度或频率还来的重要（呼吸交换量急遽增加，代表无氧代谢增加）。

9. 胸式或腹式呼吸。以肋骨与胸骨上提扩张胸腔，达成气体进入肺部的呼吸方式，称为胸式呼吸。肋骨与胸骨不动，以横隔膜下缩造成胸腔扩张（腹部突起），达成气体进入肺部的呼吸方式，称为腹式呼吸。事实上，腹式呼吸就是所谓气入丹田（下腹部）的呼吸调节方式，也是达成增加呼吸深度的有效手段。跑步时采用腹式呼吸的方式来调节，可以显著提升肺部的气体交换效率。

10. 跑前的准备活动。人体各内脏器官及四肢从相对静止状态到较紧张活动需要有个适应过程，因此，人在进行跑步前同样要作适当的准备活动，使机体生理机能能够在动的情况下协调地工作。如果跑前不做准备活动，长跑时往往会发生关节韧带、肌腱扭伤。特别是一起身就进行紧张的跑步，更易发生。跑步前一般可做以下几节准备活动：

（1）站立，两手叉腰，交替活动踝关节；

（2）半蹲，两手扶膝活动膝关节；

（3）两腿交替高抬腿，活动髋关节；

（4）两手叉腰旋腰，活动腰部；

（5）一手扶持，依次前后踢腿，活动髋、膝关节；

（6）前后弓箭步压腿，左右压腿，牵扯腿部韧带；

（7）上体前后屈以及上肢的轻微活动等。

长跑运动的速度训练方法

1. 快速跑的能力训练。

（1）加速跑练习。训练距离为 100 米～150 米。从静止开始做匀速加速跑，利用 50 米的距离加速至接近个人最快速度，保持该速度到终点。

（2）反复跑练习。可分别进行 200 米、300 米、400 米距离的反复跑。要求：速度约为个人最快速度的 80%～85%。

（3）变速跑练习。①等距离变速跑，等距离变速跑即快速跑和慢速跑的距离相等。如，100 米（快）＋100 米（慢）、200 米（快）＋200 米（慢）、400 米（快）＋40（慢）等。②不同距离变速跑。如，100 米（慢）＋200 米（快）、200 米（慢）＋30 米（快）等。注意：快速跑强度在个人最快速的 85%～90% 之间。③下坡跑练习。该练习是借助于练习环境和外力发展速度的一种方式。在练习中，可根据环境的不同确定快速跑的距离和速度。

2. 辅助性能力训练。（1）柔韧性练习。该练习是长跑运动员必不可少的一个练习内容。其不仅有助于避免运动损伤，而且可增大动作幅度、提高运动成绩。同时，将柔韧性练习安排在课后的放松活动中，可以促进运动疲劳的尽快恢复。

（2）快速力量练习。①高抬腿跑，要求：身体保持正直，大腿尽量抬高，支撑腿充分蹬直；每组练习次数在 20 秒单腿 3 次以上。②后蹬跑，该练习的目的在于发展运动员的后蹬力量，练习距离可以为 100 米、200 米、300 米或 400 米。要求：上下肢配合协调，大腿后蹬快速、充分。③单脚原地跳，可在沙坑内进行练习，单脚跳 40 次以上换另外一只脚进行。要求：膝关节弯曲程度越小越好。④双脚跳绳一

115

分钟为一组。要求：通过练习，逐渐提高熟练程度，并不断增加每组的跳跃次数。

7. 10000 米跑

10000 米简介

男子 10000 米的第一个世界纪录是在 1897 年创造的，成绩为 34 分 28 秒 8。出生于 1897 年的芬兰长跑传奇英雄帕沃·鲁米自 1920 年起共参加了三届奥运会，夺得 9 枚金牌，其中在 1924 年第 8 届奥运会上共夺得 5 枚金牌，成为田径史上在一届奥运会上获金牌最多的运动员，因此，人们把这届奥运会称为"鲁米奥运会"。

在 1921~1931 年期间，鲁米共 29 次创造世界纪录，居男子运动员创造世界纪录次数首位，被称为"飞行的芬兰人"。芬兰天文学家将他们发现的一颗行星命名为"帕沃·鲁米"，用运动员的名字命名，这在世界体育史上惟一的一次。

自 1948 年奥运会起，前捷克选手，被誉为"世界长跑火车头"的埃米尔·扎托倍克开始在长跑项目独领风骚。他在获得 1948 年奥运会获 10000 米跑冠军并创造奥运会纪录之后，又在 1952 年赫尔辛基奥运会上包揽了全部三项长距离跑冠军并全部创造奥运会纪录，因此，人们把这届奥运会称为"扎托倍克奥运会"。1954 年，在布鲁塞尔，他以 28 分 54 秒 2 的成绩刷新了这一项目世界纪录，成为第一个突破 30 分大关的运动员。在他长达 16 年的运动生涯中，共 18 次创造长跑项目世界纪录，直至他 34 岁时仍保持着 8 个长跑项目的世界纪录。

1965 年在奥斯陆，澳大利亚运动员罗纳德·克拉克以 27 分 39 秒 4 的成绩第一个突破 28 秒大关。1989 年 8 月 18 日，墨西哥的巴里奥斯在西柏林创造了 27 分 08 秒 23 的世界纪录。1993 年 7 月 5 日，肯尼亚的查德·切利莫在斯德哥尔摩创造了 27 分 07 秒 91 的新纪录。1993 年 7 月 10 日，肯尼亚的约·翁迪埃基在奥斯陆国际田径大奖赛上创造了 26 分 58 秒 38 的世界纪录，并首次突破 27 分大关。

1998 年 6 月 1 日，埃塞俄比亚的海·格布雷希拉西耶在亨格洛将这一纪录提高到 26 分 22 秒 75。2004 年，另一位埃塞俄比亚选手贝克莱开始和前辈格布雷西拉希耶较上劲了，在不到 10 天的时间里先后打破格布保持的 5000 米和 10000 米世界纪录后，6 月 8 日，在捷克俄斯特拉发举行的国际田联大奖赛上，贝克莱再次把自己的名字写到了格布的纪录上，只不过这次是 1 万米。

在当天的比赛中，贝克莱状态相当好。比赛经过半程点的时候，他就几乎打破了纪录，差距只有 1.7 秒。即使当领跑员没有很好地完成任务，不见踪影的时候，贝克莱也没有受到影响。半程后，他又很快地甩开了唯一能跟上的同胞格布雷玛利亚姆，最后，在教练赫门斯的鼓励声中，贝克莱平静地加速，以 26 分 20 秒 31 的成绩冲过了终点线，成为 5000、10000 米两项长跑纪录的拥有者。2005 年 8 月 26 日，在国际田径黄金联赛布鲁塞尔站的比赛中，贝克莱一马当先，轻松夺冠，并以 26 分 17 秒 53 再次将自己保持的万米世界纪录刷新。

在女子 10000 米项目中，挪威的克里斯蒂安森于 1986 年 7 月 5 日在奥斯陆创造了 30 分 13 秒 74 的世界纪录。1993 年 9 月 8 日我国选手王军霞在北京第 7 届全运会上改写为 29 分 31 秒 78，这是这一项目首次突破 30 分大关。

8. 万米长跑训练计划

万米跑训练是各种健身锻炼的基础，因为它包括了大量长距离跑的三要素，即力量、耐力和速度。这种训练不仅仅针对万米跑，加上适当的调整，你也可以用来准备上至马拉松，下到5公里的长跑。当你跑万米的时候，你会把自己沉浸在一个近乎神话的传统中。所以你需要通读下面的长跑者概述来决定哪个为其六周的训练计划最适合你。没有哪一种训练是适合所有人的，所以如果你完成不了给出的练习就不要勉强。如果你需要重新安排训练的日子来适应你自己的安排就去重新安排。

1. 初级。你比新手稍微好点，已经跑了至少六个月，或许还跑过一两次5千米。你每周跑三到四天，每天三到五公里，愿意的时候会去做一些快速跑。现在你希望进入并且完成你认为的真正的长跑。

如果你是个初学者，你的万米跑目标侧重于你能完成的最长距离而不是个人记录。你要跑完一万米全程，所以要训练的是耐力。因为你很有可能会耗时一个小时才能跑完。

所以大多数时间里你都要以平稳的速度适中的速度来跑。但是我们也会在训练耐力的同时加入一些近似于速度训练的冲刺来增加些变化。这会使你的步伐加入些弹性，让你稍微感觉一下略微跑得快些是什么样的感觉，以促使你进入中级水平。因此每周除了有规律的跑步之外你还要另外做两件事情。

（1）第一周。星期一：休息。

星期二：2英里，4组1分钟的间隔跑，2英里

星期三：*3 英里或休息*

星期四：*4 英里，3 组加速跑*

星期五：**休息**

星期六：*5 英里*

星期天：**休息**

总计：*16 ~ 20 英里*

（2）第二周。

星期一：**休息**

星期二：*2 英里*

星期三：*3 英里或休息*

星期四：*4 英里，3 组加速跑*

星期五：**休息**

星期六：*5. 5 英里*

星期天：*3. 5 英里*

总计：*17 ~ 21 英里*

（3）第三周。

星期一：**休息**

星期二：*2 英里，4 组 1 分 30 秒的间隔跑，2 英里*

星期三：*3 英里或休息*

星期四：*4. 5 英里，3 组加速跑*

星期五：**休息**

星期六：*6 英里*

星期天：*4 英里*

总计：*18. 5 ~ 22 英里*

（4）第四周

星期一：**休息**

星期二：*2 英里，6组 1 分 30 秒的间隔跑，2 英里*

星期三：*3 英里或休息*

星期四：*4.5 英里，6组加速跑*

星期五：*休息*

星期六：*6.5 英里*

星期天：*4.5 英里*

总计：*20~24 英里*

（5）第五周

星期一：休息

星期二：*2 英里，4组2分钟的间隔跑，2 英里*

星期三：*2 英里*

星期四：休息

星期五：*2 英里，2组加速跑*

星期六：休息

星期天：万米跑比赛

2. 比赛日惯例。

赛前一小时吃一些流质食物和能量棒或者硬面包。提前到达以留出足够的时间去取号码，以避免排长队带来的压力。赛前在周围走上十来分钟，或者慢跑几分钟。开始的时候要比你认为你应该达到的速度要慢些，然后慢慢地达到一个舒适的在掌控中的速度，就这样迎来比赛。如果有水站，你可以停下来喝水并且休息十秒。

（1）你需要知道的事情。有氧间隔跑：先略微加快速度，使你的呼吸稍微困难些，然后慢跑直至你感到你得到了足够的休息可以继续正常的速度。切记总是使无氧的时间保持在一个相当短的间隔内（简单地说就是一瞥眼或者一息之间）。把这些训练当做一种游戏，当你这么跑的时候，试着再现这种感觉，就好像你是个孩子的时候，你迫

不及待地跑向公园，一刻也等不及的样子。

（2）平缓的加速。你要在一百米内慢慢地加快速度，达到全力的百分之九十，保持十到二十米，再缓缓地减速。在你开始下一次加速前慢走直至完全恢复。这没什么大不了的，也不是什么真正有压力的，只是到你的身体足以承受的地步，让你的身体了解；这就是跑快的感觉。值得注意的是，在几周有氧间隔跑或平缓的加速训练后，你平时的步伐会开始觉得更加舒服，并且这么做能使你更快地适应跑步。

3. 四个训练中的概念。

（1）休息。休息的意思就是不跑步。什么都不做，让你的肌肉和神经键得到真正的休息和恢复，使整个身体为下一个训练做好准备。两天充分的锻炼加上两天完全的休息要比普普通通的四天引起的连续疲劳来的更好。休息的日子也使你的精神得到休息，这样就能在恢复训练的时候感觉更有精神。

（2）轻松的跑步。轻松的跑步意味着完全舒适和掌控。如果你是和其他人一起跑，你应该能够很容易地进行交谈。你会感到你似乎可以跑得更快些，但是不要这么做。这里有句话能鼓励你放松下来：不管你跑多慢，你每跑一英里都会燃烧掉一百卡。

（3）长距离跑。长距离跑是任何一种持续的、比比赛距离更长的跑步，其目的是为了提高耐力。耐力能使你跑得更远并且感觉充满了力量。这儿有一个很好的长距离跑建议：找一个同伴和你一起每周训练。你会有充足的时间来讨论任何出现的事情。

（4）速度训练。速度训练是指爆发性的跑步，比比赛的距离要短，有时是以比赛的速度，有时还要更块。这么做能加强心脏的强度，增加生物力学的效率，即每加仑能多跑多少英里，以及在心理上有更强的比赛需求，也就是说你不是想要自杀。要一直觉得跑步是有趣的。

4. 中级。你已经跑了有一年或者更长时间了，跑过五千米或者甚

至一万米，但是你每次你跑完的时候总觉得自己能够或者应该跑得更快。你认为自己主要是为了娱乐而跑步，但是仍然想要做出些努力看看自己能跑多快。

这里有一个从两方面着手的途径，它能使你从一个娱乐性质的跑步者成为一小部分有竞争力的运动员。首先，你要增加耐力跑的英里数，使其占每周锻炼英里数的百分之三十。第二，你要做大量的节奏跑训练以提高你的无氧，即血液中乳酸浓度急剧升高的速度，这是你的引擎；今天关停前大口喘气的序曲。如何避免这种不愉快的事情呢？这就需要经常以比万米跑略慢的速度来训练，也就是节奏跑的速度。这会在仅仅六周内大大提高你的耐力和跑步的效率。所以节奏跑会包括在你每周的训练中，还会有一些间隔跑和上坡跑的混合。所有这些都会增强你的肌肉、心脏和相关的有氧组织。

想要跑得快是需要花功夫的，当然还有不适。虽然是这么说，训练的时候还是要保守些。如果你在一个训练中无法保持步速的一致，或者你的身体叫喊着停下来，那么就休息一天。而且下次你可能需要调整你的步速。

（1）第一周。

星期一：休息

星期二：2 英里，1~2 组，2 英里

星期三：4 英里

星期四：1 组 400 米配速间隔跑，1 组 800 米配速间隔跑，1 组 1200 米配速间隔跑，1 组 800 米配速间隔跑，1 组 400 米配速间隔跑

星期五：休息

星期六：4 英里，4 组 100 米大步幅跑

星期天：6~7 英里

总计：24 英里

（2）第二周。

星期一：休息

星期二：6 英里，包括 6 分钟的全上坡时间

星期三：4 英里

星期四：1 组 1200 米配速间隔跑，2 组 800 米配速间隔跑，4 组 200 米配速间隔跑，4 组 200 米速度间隔跑，4 组 100 米大步幅跑

星期五：休息

星期六：4.5 英里，5 组 100 米大步幅跑

星期天：7~8 英里

总计：26 英里

（3）第三周。

星期一：休息

星期二：2 英里，

星期三：4 英里

星期四：1 组 800 米配速间隔跑，1 组 1200 米配速间隔跑，1 组 800 米配速间隔跑，2 组 400 米速度间隔跑，4 组 200 米速度间隔跑

星期五：休息

星期六：5 英里，6 组 100 米大步幅跑

星期天：7~8 英里

总计：27.5 英里

（4）第四周。

星期一：休息

星期二：6~7 英里，包括 8 分钟的全上坡时间

星期三：4 英里

星期四：1 组 1200 米速度间隔跑，1 组 800 米速度间隔跑，2 组 400 米速度间隔跑，2 组 200 米速度间隔跑，4 组 100 米大步幅跑

星期五：休息

星期六：5 英里，6 组 100 米大步幅跑

星期天：8～9 英里

总计：29 英里

（5）第五周。

星期一：休息

星期二：2 英里，3～4 组

星期三：4 英里

星期四：1 组 800 米速度间隔跑，4 组 400 米速度间隔跑，4 组 200 米速度间隔跑，1 组 800 米速度间隔跑，4 组 100 米大步幅跑

星期五：休息

星期六：6 英里，6 组 100 米大步幅跑

星期天：8～9 英里

总计：31 英里

减量周

星期一：休息

星期二：1 组 800 米速度间隔跑，2 组 200 米速度间隔跑，1 组 400 米速度间隔跑，2 组 200 米速度间隔跑，6 组 100 米大步幅跑

星期三：4 英里，4 组 200 米速度间隔跑，4 组 100 米大步幅跑

星期四：休息

星期五：3 英里轻松跑，3 组 100 米大步幅跑

星期六：万米跑比赛

5. 比赛日惯例。许多中级跑步者头五千米跑得太快了。这注定只能跑出个平庸的时间。均衡的速度是最好的，这意味着比赛的头半程应该是非常轻松的。

6. 你需要知道的事情。

配速间隔跑。以完成万米跑的速度来增加效率和增强耐力，并让你感受到竞赛的步速。

10 分钟配速（1 小时 2 分 06 秒完成万米），要跑 2 分 30 秒（400 米），5 分（800 米），7 分 30 秒（1200 米）

9 分钟配速（55 分 53 秒完成万米），要跑 2 分 15 秒（400 米），4 分 30 秒（800 米），6 分 45 秒（1200 米）

8 分钟配速（49 分 40 秒完成万米），要跑 2 分（400 米），4 分（800 米），6 分（1200 米）

7. 慢跑间隔距离的一半来恢复。

速度间隔跑，用比比赛速度要快 30 秒每英里的速度跑。

10 分钟配速（1 小时 2 分 06 秒完成万米），要跑 2 分 22 秒（400 米），4 分 44 秒（800 米），7 分 06 秒（1200 米）

9 分钟配速（55 分 53 秒完成万米），要跑 2 分 08 秒（400 米），4 分 16 秒（800 米），6 分 24 秒（1200 米）

8 分钟配速（49 分 40 秒完成万米），要跑 1 分 53 秒（400 米），3 分 45 秒（800 米），5 分 38 秒（1200 米）

8. 慢跑间隔距离的一半来恢复。

10 ~ 10 秒。10 分钟节奏跑，比万米跑的速度要慢 30 秒每英里。每次跑完后进行 3 ~ 5 分钟的慢跑。

完全上坡时间。反复地上同一座山或者在路或跑道的上坡段跑。

9. 大步幅跑。在 100 米内逐渐加速至全力的百分之九十并保持 5 秒，然后平缓地减速。每次跑完后行走直至完全恢复。

你已经很认真地跑了有些年头了，也参加过许多比赛，其中大概还有马拉松。可以轻松地跑一个小时以上。现在你想要有所突破，并且愿意为了达到这个目标而经受为期六周的严峻考验。

10. 万米跑训练的基石一直就是节奏跑。它对耐力有很好的帮助，但是节奏跑已经不适合你了。为什么呢？因为最近的研究表明，相比节奏跑而言，以5千米和10千米比赛的速度（而不是低于这个速度），进行短时间的间隔跑会有巨大的进步。这一速度大约比我们的速度间隔跑和配速间隔跑稍慢。

进行间隔跑训练的人比进行节奏跑训练的人进步得更快，从而使他们在快速跑的时候更节约力气，有更好的协调性，感觉更加舒适；这些进步同样也在更快速的万米跑中体现出来了。此外，间隔跑每周只需花费31分钟就能完成两组训练，而节奏跑则需要58分钟。

这就是为什么要给你制定控制速度训练的6周计划。周二进行中长跑而周四则进行距离短并且速度快的训练。同时一定要确保你处在必要的有氧基础上，因为你要跑相当长的距离。有经验的跑步者跑的里数常常达不到更努力的训练所需的量。

（1）第一周

星期一：休息

星期二：2组1200米配速间隔跑，2组800米配速间隔跑，4组400米配速间隔跑，6组100米大步幅跑

星期三：4～6英里

星期四：2组800米速度间隔跑，4组400米速度间隔跑，4组200米速度间隔跑，4组100米大步幅跑

星期五：休息或者3～4英里轻松跑

星期六：4～6英里，6组100米大步幅跑

星期日：8～10英里

总计：32～37英里

（2）第二周

星期一：休息

星期二：2组1200米速度间隔跑，1组800米速度间隔跑，1组400米速度间隔跑，1组200米速度间隔跑，6组100米大步幅跑

星期三：4~6英里

星期四：4组200米速度间隔跑，4组乳酸训练，4组100米大步幅跑

星期五：休息或者3~4英里轻松跑

星期六：5~7英里，6组100米大步幅跑

星期日：8~10英里

总计：33~38英里

（3）第三周

星期一：休息

星期二：2组1英里配速间隔跑，1组1200米速度间隔跑，1组800米速度间隔跑，1组400米速度间隔跑，6组100米大步幅跑

星期三：4~6英里

星期四：4组200米速度间隔跑，4组乳酸训练，4组200米速度间隔跑，4组100米大步幅跑

星期五：休息或者3~4英里轻松跑

星期六：5~7英里

星期日：9~11英里

总计：34~39英里

（4）第四周

星期一：休息

星期二：2组1200米速度间隔跑，1组800米速度间隔跑，1组400米速度间隔跑，1组200米速度间隔跑，6组100米大步幅跑

星期三：4~6英里

星期四：5~7组乳酸训练，6组100米大步幅跑

星期五：休息或者 3～4 英里轻松跑

星期六：5～7 英里，6 组 100 米大步幅跑

星期日：9～11 英里

总计：35～39 英里

（5）第五周

星期一：休息

星期二：2 组 400 米速度间隔跑，1 组 800 米速度间隔跑，1 组 200 米速度间隔跑，1 组 800 米速度间隔跑，6 组 100 米大步幅跑

星期三：4～6 英里

星期四：6～8 英里

星期五：休息或者 3～4 英里轻松跑

星期六：5～7 英里，6 组 100 米大步幅跑

星期日：10～12 英里

总计：36～40 英里

减量周

星期一：休息

星期二：1 组 1200 米速度间隔跑，1 组 800 米速度间隔跑，2 组 400 米速度间隔跑，4 组 100 米大步幅跑

星期三：休息

星期四：4 组 200 米速度间隔跑，4 组 100 米速度间隔跑，4 组 200 米速度间隔跑，4 组 100 米大步幅跑

星期五：休息

星期六：3 英里轻松跑，3 组 100 米大步幅跑

星期日：万米跑比赛

第五章

接力跑运动的竞赛

1. 接力跑的技术

接力跑技术包括短跑技术和传接棒技术。

1. 起跑。持棒起跑：第一棒传棒人以右手持棒，采用蹲踞式起跑，按规则接力棒不得触及起跑线和起跑线前的地面，持棒起跑技术和短跑的起跑相同，持棒方法主要有三种。

（1）右手的食指握住棒的后部，拇指与此同时其它三指分开撑地。

（2）右手的中指，无名指握住棒的后部，拇指，食指和小指成三角撑地。

（3）右手的中指，无名指和小指握住棒的后部，拇指和食指分开撑地。

（4）接棒人起跑：接棒人站在接力区后端线或者说预跑线内，选定起跑位置，两脚前后开立，两膝弯曲，上体前倾。接棒人应站在跑道外侧，左腿在前，右手撑地保持平衡，身体重心稍偏右边，头部左转，目视传棒人的跑进和自己起动的标志线。当传棒人员跑到标志线时，接棒人员便迅速起跑。

2. 传接棒方法

2. 上挑式。接棒人的手臂自然向后伸出，手臂与躯干约成 40～50 度角，掌心向后，拇指与其它四指自然张开，虎口朝下。传棒人将棒向前上方送入接棒人的手中。这种传棒方法的优点是接棒人向后下方伸手臂的动作比较自然，传棒人传棒动作也比较自然，容易掌握。缺点是接棒后，手已握在接力棒的中部，如不换手再传给下一棒时，则只能握住接力棒的前部，容易造成掉棒和影响快速前进。

3. 下压式。也有称"向前推送"的传接棒方法，应当强调指出，在传棒时，手臂不要太高，而是用手腕动作将棒向前下方推送入接棒队员手中。

并且，传棒人可以用手腕动作来调整传棒动作的准确性。所在在做此动作时，接棒人的手臂向后伸出，手臂与躯干约成 50～60 度角，手腕内旋，掌心向上，拇指与其它四指自然张开，虎口朝后，传棒人将棒的前端由上向下传给接棒人手中。

下压式传接棒技术的优点是每一棒次的接棒，都能握住棒的一端便于持棒快跑。缺点是接棒时，接棒人的手臂比较紧张，不够自然。

4. 混合式。第 1 棒用"上挑式"传棒，第 2 棒用"下压式"传棒，第 3 棒仍用"上挑式"。

5. 传接棒的位置和起跑标志线的确定。

（1）传接棒的位置：接棒人站在预跑线内或接力区的后端，待传棒人到达标志线时便迅速起跑和传棒队员跑进接力区后在最合适的位

置，将接力棒迅速无误地传给接棒队员。

（2）标志线的确定：接力跑各棒次的标志线是接棒人起跑的标志，它是根据传棒人和接棒人的跑速和传接棒技术熟练程度确定的。标志线设置的位置一般是在预跑线的后面，也可以设置在预跑线前面。

3. 4×100 米接力跑

女子4×100米接力跑训练

4×100米接力跑是4人相互配合，技术性较复杂的集体径赛项目。要想取得较好成绩，运动员除了必须有高速奔跑的能力外，同时还必须在高速奔跑的过程中，做到运动员之间有默契、协调的配合，并做好传接棒的技术。为了避免交接棒动作僵硬、速度减慢、摔棒等现象，在训练中就必须做到以下几点。

1. 传好接力棒。有较好的传接棒方法混合式传接棒方法是较常用的一种方法，第一棒运动员用右手持棒起跑，沿着跑道的内侧跑，用上挑法将棒传在第二棒左手中；第二棒运动员用左手持棒沿着跑道外侧跑，用上挑法将棒传在第三棒右手中；第三棒右手持棒沿跑道内侧跑，用下压法将棒传在第四棒左手中；第四棒接棒后过终点。这种方法可以避免只用上挑法时，棒越传越短，造成不易传接棒的缺点，同时也可以避免下压法接棒人的手腕紧张、不自然的现象，因只有第三棒一人用下压法接棒。

2. 标志线要确定。传接棒运动员之间的起跑标线的确定必须准确，才能使运动员之间传接棒的时机确定好，为了使运动员的传接棒在高速跑中完成并在接力区末端的时机确定好，就必须要有准确的起跑标志线。标志线的确定是要根据传接棒运动员之间的速度、速度耐力、起跑反应、传接棒技术熟练程度而决定的，并且要通过反复实践来核准。一般起跑线定在接力区端预跑区内2.5米左右（应根据两者具体运动水平而定）作为接棒运动员的起跑处，然后根据两运动员之间的速度、速度耐力、起跑反应的快慢和传接棒技术熟练程度来确定标志线，一般是5～6.5米。接棒运动员采用半蹲踞式站在起跑线外，向后看标志线，当传棒运动员跑到标志线时，便迅速起跑。当两运动员之间相距1米左右时，传棒运动员发出一声信号，接棒运动员立即将手向后伸，完成传接棒。此动作要求在高速奔跑中完成，同时一定要在接力区末端17米处完成（具体标志线及传接棒时机，结合运动员具体情况而定）。

3. 做好接力员的分配。4×100米接力跑是4个运动员共同完成的，因此在安排各棒运动员时，必须考虑要尽量发挥每个运动员的特长。

第一棒最少要跑107米，第二棒和第三棒最少要跑120米，第四棒最少要跑113米。故第一棒要安排起跑、弯道跑技术和速度较好运动员，第二棒应是专项耐力好，熟练地掌握传接棒技术的运动员，第三棒除了具备第二棒条件外，还应善于跑弯道，第四棒应是意志品质和冲刺能力最强同时成绩较好的运动员。

为了做到上述几点，在训练中，除了要求运动员训练短跑项目的专项练习以外，还必须注意做到以下几点：

（1）注意场地器材配备。

（2）运动员的运动水平及接受能力。

（3）传接棒运动员要明确自己的任务、传接棒方法，同时确定两运动员之间的位置、标志线、起跑位置、传接时机及信号，做到每个

运动员心里有数。

（4）两运动员之间反复练习 50 米（直道、弯道）短程接力，并要求一定要在 47 米处做好接棒，同时反复核对标志线。练习时可采用第一棒传第二棒、第三棒传第四棒两组同时进行，然后专练第二棒传第三棒。

（5）多练全程 4×100 米接力计时跑，以便检验和进一步核实标志线以及传接棒时机。

（6）在各道项中练 4×100 米接力，以便熟悉各道项的接力区以培养运动员的应变能力。

（7）注意运动员的专项耐力练习，多跑 110 米和 200 米超专项练习。

（8）在训练中反复教育运动员一定要遵守规则，尽量做到不犯规。

4. 4×400 米接力跑

青少年 4×400 米接力跑传接棒技术

接力跑比赛紧张激烈，不仅需要每个队员具备比较好的专项成绩，而且还需要每个参赛队员为集体竭尽全力的拼搏精神和他们之间高度的默契配合。虽然 4×400 米接力跑是在速度相对较慢的情况下进行的，相对容易，也不易犯规，但是它只有一个接力区是在按道次划分的各自接力区传、接棒，而另外两个接力区几乎都是在第一道的一个接力区内传、接。

在势均力敌的接力赛中第二棒和第三棒、第三棒和第四棒队员传、接棒时，运动员往往是在齐头并进或紧紧相随的复杂的情况下进行传、接棒的。要做到及时、准确、迅速的完成传、接棒是比较困难的。对于青少年的 4×400 米接力跑传接棒训练更要结合其自身特点。青少年运动员正处于生长发育时期，其神经系统的活动相对不太稳定，有时在运动过程中不能很好控制自己的情绪，往往处于过度兴奋状态，因此，在 4×400 米接力跑比赛中，应高度重视传、接棒技术的训练。

1. 右手传棒技术。4×400 米接力跑多采用右手传棒技术。即第一棒运动员用右手将棒传给第二棒运动员的左手；第二棒运动员接棒跑出后将棒换到右手，再用右手将棒传给第三棒运动员的左手。以后各棒运动员均以此方法传棒。传棒运动员在最后三十米左右要看清自己的队友。传棒时要感到接棒运动员将自己手中的接力棒"抢"走后才能完全松手。要保证接力棒安全、平稳、准确、顺利的传到接棒人手中。

接棒运动员在队友跑近接力区时要注意其前后左右的运动员。灵活机动、果断地完成接棒任务。接棒人采用站立式起跑，上体左转，目视传棒队友，估计其最后一段的跑速，如果传棒队员仍能保持较好的速度，那么接棒队员早些起动；反之，则晚些起动。启动后顺其跑速主动接棒。接棒时伸出左臂，手掌向上、拇指向后、肘部向下，接棒后快速跑出。这时接棒人必须正确判断自己在哪一条跑道上接棒并且判断自己队友的速度，以最短的时间完成交接棒。

2. 使用左手传棒技术的优点。（1）多数运动员感觉右手持棒更舒服。（2）将头和肩向左转，可以提供一个良好的视野范围。（3）面向无人的内道，有利于接棒运动员沿内道移动，减少跑动距离。同时右肩防止其它运动员的冲撞。（4）运动员集中注意力，保证交接棒更为准确、安全。

3. 注意事项。（1）每名运动员都必须有一种责任感，都要保证接力棒在自己手中的安全。即接棒时要求迅速、安全，传棒时要求准确、平稳，途中跑时要握紧接力棒。（2）接棒人员感觉手中有棒时，迅速将棒握紧并主动将棒从传棒人手中抢过来，传棒人感到有一定力度的拉劲时再松手。

第六章

障碍跑的竞赛

1. 障碍跑的概述

障碍跑的起源

障碍跑作为田径项目，始于英国。它和越野跑可算是一对"孪生兄弟"。越野跑是由儿童游戏转型而来的。有人设想把越野跑搬到运动场上来。于是，运动场上出现了篱笆、栅栏、水坑等人工障碍物。1837年，在英国乐格比高等学校里，首创了一种叫做"障碍跑"的比赛项目。从此，这项活动在英国普遍开展起来。随后又相继传到其他国家，这才逐渐被人们所接受。

障碍跑的发展历史

19世纪，障碍跑在英国兴起。最初在野外进行，跨越的障碍是树枝、河沟，各障碍间的距离也长短不一。19世纪中叶开始在跑道上进行，有的研究报告指出，19世纪时障碍跑的距离不统一，具有很大的随意性，短的440码，长的可达3英里。

1900年第2届奥运会首次设立障碍跑，分2500米和4000米两个项目。从1904年第3届奥运会起将障碍跑的距离确定为3000米，并沿用至今。全程必须跨越35次障碍，其中包括7次水池。障碍架高91.1~91.7厘米，宽3.96米，重80~100公斤。400米的跑道可摆放5个障碍架，各障碍架的间距为80米。运动员可跨越障碍架，也可踏上障碍架再跳下，或用手撑越。国际田联直到1954年才开始承认其世界纪录。

障碍跑的介绍

在田径场地上跑越一定障碍的男子竞赛项目。它不但要求运动员具有长跑的耐力和技术，还要掌握跨越障碍和水池的本领。正式比赛项目只有 3000 米障碍一项，全程共跨越 35 次障碍，其中有 7 次跨带水池的障碍。途中障碍设置方法有两种：一种每圈长 390 米，跑 7 圈，起点至第一圈起点 270 米，第一圈起点至第一障碍 10 米，第二障碍至第五障碍 78 米，第五障碍至终点 68 米。另一种每圈长 410 米跑 7 圈，起点至第一圈起点 130 米，第一圈起点至第一障碍 10 米，第二障碍至第五障碍 82 米，第五障碍至终点 72 米。越过障碍栏架的方法有两种：一种是直接跨栏法，近似 400 米栏的动作，起跨点约距栏架 1.5 ~ 1.8 米，起跨角略大，身体重心腾起稍高。另一种方法是踏上跳下法，用有力腿蹬地起跳后，前伸的摆动腿屈膝以脚跟踏上横木后沿，随之身体前移，待重心移过障碍架后，支撑腿也转为脚尖蹬横木使身体向前落下，用起跨腿落地。跨过水池障碍的方法也采用踏上跳下法。

女了障碍跑开始很晚，国际田联 1997 年才开始推广。在 2008 年第 29 届奥运会上将女子 3000 米障碍设为正式比赛项目。

2. 3000 米障碍跑

3000 米障碍跑是长跑与跨越障碍相结合的运动项目。它不仅要求运动员具有长跑的身体素质和顽强的意志，而且还要求掌握正确的跨越障碍和水池的技术。从事这项运动，可以发展耐力，提高内脏器官机能，培养勇敢顽强、不怕困难等优良品质。

十九世纪中叶，障碍跑这个项目首先在英国出现，第一次比赛是一八六四年在牛津大学举行。一九零零年第二届奥运会时将其列为正式比赛项目。以后几届奥运会障碍跑比赛的距离，是在2500米到4000米之间，直到第七届奥运会才固定为3000米。目前3000米障碍跑的世界纪录是7'59"18。

解放前旧中国没有3 000米障碍跑这个项目，解放后开展得也不普遍，直到一九五六年才列为正式比赛项目。第一个全国纪录是9'49"6，目前全国纪录是8'47"1。

3 000米障碍跑，每圈设有五个障碍栏架，其中第四个障碍栏架前设有水池。全程共要跨过三十五次障碍，其中七次有水池。

3 000米障碍跑在田径跑道上进行，全程必须35次越过障碍架，7次越过水池障碍。每圈设5个障碍，第1个障碍架设在终点线前10米处，水池为其中的第4个障碍。障碍均匀分布，每个障碍架之间的距离为一圈标准长度的1/5。在3 000米比赛中由起点到第1圈开始处不设障碍，等运动员进入第1圈后，再放置障碍架。障碍架高度为0.914米，可以上下误差3毫米，宽为3.96米，重量为80～100公斤，两边底座长1.20～1.40米。放置栏架时，横木一端深入到跑道内沿以内0.3米处。运动员可跨越障碍架，也可跳上障碍架再跳下，或用手撑越。水池的长度均为3.66米，池水与地现平齐，靠近障碍架一侧的水池深为70厘米。池底有规律地向前上方成斜坡，直至远端与地面齐平，为保证运动员落地安全，池底若无塑胶面，应铺塑胶面或垫子，厚度不超过2.5厘米。

第七章

跨栏跑运动的竞赛

1. 第一栏前的技术

1. 110 米跨栏跑技术。110 米栏的栏架高 1.06 米，过栏和栏间跑的速度相当快，是跨栏跑中技术难度最大的项目。

2. 110 米栏采用蹲踞式起跑。前起跑器安装在距起跑线一脚半到两脚处，后起跑器距前起跑器约一脚远，两起跑器间宽 15～20 厘米。做"预备"姿势时，臀部抬至超过肩的部位，体重由撑地的两臂和前腿负担，头保持和躯干成一直线，集中注意力等待鸣枪。

3. 鸣枪后跑出的动作。鸣枪后跑出的动作和短跑的起跑动作基本相同，起跑时应把起跨腿放在前起跑器上。起跑后前几步都必须有足够的步长。

110 米栏起跑因受第一栏前固定距离（13.72 米）和固定步数的制约，应特别注意步长的准确。

2. 栏间跑技术

栏间第一步的水平速度因过栏有所降低，为了争取第一步必要的步长，应充分发挥踝关节及脚掌力量，用力摆臂也能起到提高蹬地效果和加快动作频率的作用。

第二步的动作结构的支撑与腾空时间关系大致与短跑途中跑相同。

第三步因准备起跨形成一个快速短步，动作特点与跨第一栏前的最后一步相同。第三步应是栏间跑速度最快的一步。

3. 蹲踞式起跑后过栏技术

1. 安装起跑器。起跑八步后起跑越过放倒的栏架，或从第一栏栏侧跑过，检查起跨点距第一栏的距离。

2. 掌握合理的"各就各位"，"预备"姿势，注意成"预备"姿势时臀部的高低，跑出后控制好上体前倾，使第一栏前起跨时有适宜的身体姿势。

3. 蹲踞式起跑跨*1*或*2*，*3*架栏。听发令枪声成组起跑，跨过*1~3*架栏，起跑技术熟练后再跨*5*架栏。

4. 第一栏的错误和纠正方法

1. 起跑后八步步长不准，加速不及时。

（*1*）产生原因。起跑后最初三、四步步幅太小，后几步被迫拉大步降低身体重心，或相反，前几步身体过早直起，步长过大造成后几步捣小步，破坏加速跑的正常节奏。

（*2*）纠正方法。沿着八步步长标记线反复起跑，建立步长距离感觉，提高目测判断能力，熟练以后再跨第一栏。对起跑八步后过栏确有困难的学生，可采用起跑后九步过栏。

2. 学习掌握过栏技术。

（1）学习摆动腿过栏动作。

（2）原地做摆动腿模仿练习。前直立，面对栏架，摆动腿屈膝高抬，膝盖达到栏架高度时，小腿迅速向前摆出，接着积极下压大腿，摆动腿基本伸直，脚掌靠近栏板，然后下落，用脚掌在身体重心投影点前落地，熟练后可连续做。

3. 走步中做摆动腿"鞭打"动作。腿的折叠，高抬，前摆小腿及下压大腿都与前一练习相同。走三或五步做一次。强调膝高于踝，不出现踢小腿的动作，熟练后加上两臂的配合动作，练习速度适当加快，注意动作放松。

4. 走步中做摆动腿经栏上的栏侧过栏。站在起跨腿一侧，从栏前一米处起跨，摆动腿屈前摆，伸出小腿经栏板上向栏后积极直腿下落，起跨腿配合做小幅度的提拉动作，熟练后在慢跑中接连跨 3～4 架栏。

5. 主要错误和纠正方法

1. 起跨时身体重心低，蹬地不充分，屈腿跳栏。

（1）产生原因。栏前跑的技术差，速度过慢，后两步拉大步降低身体重心，用脚跟踏地起跨或全脚掌击地造成很大制动，起跨时蹬摆配合差，下肢力量差，屈膝缓冲过大，心理上怕栏。

（2）纠正方法。纠正栏前跑的技术，形成较准确的步长，提高起跨点准确度。降低栏架高度，缩短栏间距离，用高重心跑。在最后两三步按标志跑，检查纠正后两步的"短步"关系。

2. 做起跨攻栏模仿练习。练习跳绳，负重跳跃，长距离多级跳及双

脚连续跳栏架（栏高76.2厘米），发展下肢各关节及脚掌肌肉力量。

3. 过栏时身体腾空时间过长。（1）产生原因。起跨腿膝关节弯曲过大，脚跟着地，蹬地角度大，垂直分力过大。起跨点离栏架太近，限制摆动腿向栏迅速前摆，怕碰栏受伤。摆动腿踢腿上摆，前伸小腿缓慢，下放摆动腿消极。

（2）纠正方法。改变起跨点，使之不短于自己七个脚掌长，适当加快栏前跑的速度。学习正确放脚起跨技术，保持高重心起跨姿势，用橡皮条代替栏的横板，消除怕栏顾虑。

4. 掌握摆动腿屈腿摆动攻栏技术。摆动腿直腿摆动攻栏或屈小腿绕过栏板。

（1）产生原因。对摆动腿的动作概念不清。摆动腿膝关节紧张，小腿过早前伸。

摆动腿大小腿折叠不够，大腿屈肌力量差，起跨前大腿抬不高。

（2）纠正方法。详细讲解摆动腿屈膝摆的技术，反复做屈腿摆的各种模仿练习。例如，面对肋木站立，距肋木1.2~1.4米，摆腿在体后开始折叠大小腿，以膝领先屈腿前摆，大腿在体前抬平后迅速伸出小腿，脚掌伸向肋木约与腰高的部位，支撑腿蹬地的同时前倾上体，手扶肋木。

5. 连续做摆动腿屈膝前摆的"鞭打"动作。

身体直立或双手撑肋木站立，摆动腿屈膝前抬，膝部负10~15公斤重沙袋连续高抬，以发展髂腰肌和大腿屈肌力量。

大量重复做摆动腿栏侧过栏练习，要求大腿高抬后再前摆小腿，膝关节放松。

6. 腾空后两腿动作不正确。

（1）产生原因。起跨腿蹬地不充分，过早开始提拉。肌肉伸展能力差，髋关节灵活性差，不能在空中做出较大幅度的劈叉分腿动作。

摆动腿直腿摆动下压不积极。上体直立妨碍起跨腿用力提拉，或两臂摆动和腿的动作不协调。

（2）纠正方法。做起跨腿栏侧过栏馆要求充分蹬伸起跨腿，不急于提拉。适当加长起跨距离，加快跑速，用大幅度动作完成快速剪绞过较低的栏架。

发展两腿后群肌肉伸展性，改善髋关节灵活性与柔韧性，经常做压腿和劈叉练习，包括纵劈统治与横劈叉练习。

7. 过栏时摆动腿的后侧或起跨腿的膝、踝内侧碰及栏板。

（1）产生原因。摆动腿碰栏是因为起跨点过远，摆动腿向前速度太慢，或折叠高摆不够，上体前倾过大。

起跨腿的膝、踝内侧碰栏板是因为大小腿和脚掌在提拉过程中部位不正确，另一原因是起跨腿提拉时膝未外展。

（2）纠正方法。重复练习原地支撑提拉起跨腿过栏动作要求膝稍高于踝小腿收紧，足内侧保持和地面平行（足尖勿下落）。提拉起跨腿时，及时做出前倾上体的动作。调整起跨点，加强摆动腿大腿高抬能力。

8. 下栏时身体不平衡，动作停顿。

（1）产生原因。起跨腿后拖，当摆动腿脚掌着地时，起跨腿提举不到身体前方。

摆动腿下压消极，上体直立，身体重心落后。

起跨时蹬伸不充分，急于提拉起跨腿，下栏时两腿几乎同时落地。腿臂配合不好，躯干扭转，肩轴偏斜。

（2）纠正方法。跨栏专门练习改善两腿的剪绞配合，提高过栏时身体稳定性，使肩轴及髋轴基本上与栏板平行。

做上下肢配合模仿练习，特别加强起跨腿同侧臂的动作控制能力，不使该臂后引带动肩和躯干的扭转。

改善髋关节灵活性，加强髋部肌肉力量。

发展摆动腿踝关节和脚掌力量，提高下肢支撑能力。

6. 学习起跨腿过栏动作

（1）原地提拉起跨腿过栏。双手扶肋木站立，在起跨腿一侧距肋木 1～1.2 米远横放架栏，上体稍前倾，眼平视，起跨腿屈膝经腋下向前提拉，膝部提举到身体正前方，身体不要扭转或偏斜。先做单个提拉动作，后连续做，动作速度由慢到快。栏架也可以纵放。

（2）动作同前，栏前走两三步后经栏侧提拉起跨腿，摆动腿做小幅度动作配合以体会两腿的剪绞，身体过栏后，双手抓肋木，起跨腿提举至身体正前方。

栏侧做起跨腿过 3～4 架栏，栏距 7～8 米，先走步中做栏侧过栏，后慢跑或快跑做起跨腿经栏上过栏。起跨腿蹬地要充分，不急于向前提拉，当摆动腿移过栏架下落时，迅速提拉起跨腿过栏。

9. 两腿的剪绞和上下肢的配合动作。

（1）从原地站立开始做"跨栏步"中两腿剪绞换步动作，摆动腿屈膝高抬大腿，随之前伸小腿用前脚掌落地，摆动腿下落的同时蹬离地面的起跨腿屈膝经体侧向前提拉超过摆动腿。

（2）动作同上，在小步跑中连续做过栏模仿动作，跑三步后做一次"跨栏步"，注意跑的直线性并有节奏，身体正对前方，同时注意两臂的配合用力。

（3）原地摆腿过栏，上体正直面对低栏站立，将摆动腿大腿放在栏架横板上，小腿放松下垂，做两三次轻微摆小腿后，起跨腿蹬地，

当伸直的摆动腿下压时，起跨腿迅速收起提拉过栏。

（4）在走、跑中做栏侧过栏，强调两腿配合，摆动腿虽然不经过栏板上方，也必须完成折叠，举膝，伸下腿下压的动作。

练习时在跑道上放 3 ~ 6 架栏，栏间相距 7 ~ 8 米，跑三步。当两腿配合剪绞的同时，两臂得按动作要点做好前伸后摆等动作。

（5）高抬腿跑中从栏侧或经栏上过栏，高抬腿跑至栏前，保持高重心，距栏约 1 米处起跨，过栏动作同前，但幅度小腾空时间短，注意上下肢配合，身体始终直立不前倾，尽量不上跳，下栏后继续高抬腿跑准备过下一个栏。

10. 学习过栏与栏间跑相结合技术。

提高起跨过栏和下栏后衔接栏间跑的技术，使得过栏与栏间跑在动作和速度上紧密连贯，形成良好的跨栏跑节奏，为全程跑打下基础，教学中安排大量重复跨栏练习，以完整教法为主。

11. 学习站立式起跑至第一栏前的技术。改进第一栏前跑进的技术，提高步点准确性，站立式起跑后用较快的速度跑八步，检查步长与起跨距离，建立栏前跑八步步长的空间定位感，也可先用白灰在跑道上划线或摆放其它标志标明八步步长。

12. 站立式起跑反复跨 3 ~ 5 架栏。男生栏高 91.4 厘米，栏间距离 11 ~ 12.5 米跑五步，或 8.5 ~ 9.14 米跑三步。女生栏高 76.2 厘米，栏间距离 10 – 11.5 米，跑五步，或 7 ~ 8.5 米跑三步。随着过栏技术的改进，男生跨 1 ~ 1.06 米高的栏架，女生跨 84 厘米高的栏架。

13. 成组按起跑信号站立式起跑跨 3 ~ 5 架栏，栏高和栏间距离根据学生具体情况而定。

14. 根据需要重复作各种跨栏专门练习，纠正主要错误动作，发展必须的身体素质。

15. 缩短栏间距离，采用站立式起跑连续跨越 5 ~ 8 架栏，重点提

高跑跨结合技术,特别应提高下栏和栏间第一步的动作质量,形成良好的跨栏跑节奏,发展连续跨栏的耐久力。

16. 成组站立式起跑,跨越 3,5,8 架栏计时,分析比较技术,提出改进技术的努力方向。

17. 栏间跑常产生的错误动作及纠正方法。栏间跑没有足够的步长,身体重心低,跑得缺乏弹性。

（1）产生原因。栏着地身体重心落后,制动力大造成速度急剧下降,栏间跑第一步重新加速。腿部力量差,尤其脚掌和踝关节力量差。

（2）纠正方法。进下栏技术,使下栏点靠近身体重心投影点并保持高重心,膝关节不弯曲缓冲,借助起跨腿的积极前高抬加大第一步步长。

练习后蹬跑,弹性跑,多级跳,负重跳,增强腿部力量,提高摆动腿下栏支撑用力的能力。

18. 多练习高抬腿快频率跑及高抬腿跑中过栏。

强调栏间跑时两臂的积极摆动。栏间跑第一步步长过短或靠前踢小腿落地加大步长,破坏栏间跑正常步长比例和节奏。

（1）产生原因。下栏时起跨腿提拉不到身体前方。摆动腿下栏后支撑后蹬力量差。起跨后急于收起跨腿,没有两腿空中换步剪绞的必要条件,两腿几乎同时并拢落地。

（2）纠正方法。在栏间跑第一步着地处放一棕垫或其它标志物,要求积极提拉起跨腿并将大腿举至中线附近,加大步长争取第一步落到棕垫上。改进起跨后的栏前劈叉动作,提高两腿剪绞速度和动作幅度。下栏后两臂和上体都力求形成迅速跑进的姿势,两臂用力挥摆,上体保持适宜的前倾。

19. 栏间跑时偏向摆动腿一侧或两脚落地偏离运动的直线。

（1）产生原因。跨攻栏时摆动腿偏外侧摆动,下栏时起跨腿没有

提举到身体正前方，身体两侧的动量不均衡。摆动腿下栏点不正，身体不够平衡不能跑成直线。起跨时蹬地腿脚掌偏外，使支撑反作用力方向偏斜。

（2）纠正方法。板上方靠摆动腿一侧放置小型标志物，（轻木块，小沙袋等），摆动腿对准标志物向前上方摆，下落要求踏在预先划出的标志点上。沿直线跨栏跑，两脚落在直线两侧，提高栏间跑的直线性。

21. 栏间跑时出现跨步跳，第二或第三步过大，三步步长比例失调，节奏紊乱。

（1）产生原因。栏后速度下降过多，第一步太短，被迫拉大后两步。练习所用栏间距离较长，跑速和腿部力量不够，不拉大步到不了起跨点。

栏间跑只注意迈步出腿，忽视积极蹬摆的配合，缺乏正确的平跑身体姿势。

对三步跑过栏间缺乏信心。

（2）纠正方法。提高过栏技术，应该特别注意下栏要保持速度，强化下栏后接着快跑的意识。间距离或降低栏架高度，也可以重复练习栏间五步跑的连续跨栏。男生栏间距离为*12 ~ 12.5米*，女姓*10.5 ~ 11米*。发展腿部力量，提高弹跳力，改进平跑技术中的主要错误动作。

第八章

马拉松运动的竞赛

1. 马拉松的由来

世界上最长的跑步项目是马拉松赛跑。马拉松赛是一项长跑比赛项目，其距离为 *42.195* 公里。这个比赛项目的距离为什么不是整数呢？这要从公元前 *490* 年 *9* 月 *12* 日发生的一场战役讲起。

这场战役是波斯人和雅典人在离雅典不远的马拉松海边发生的，雅典人最终获得了反侵略的胜利。为了让故乡人民尽快知道胜利的喜讯，统帅米勒狄派一个叫斐迪庇第斯的士兵回去报信。

菲迪皮得斯是个有名的"飞毛腿"，为了让故乡人早知道好消息，他一个劲地快跑，当他跑到雅典时，已喘不过气来，只说了一句"我们胜利了！"就倒在地上死了。

为了纪念这一事件，在 *1896* 年举行的现代第一届奥林匹克运动会上，设立了马拉松赛跑这个项目，把当年菲迪皮得斯送信跑的里程——*42.195* 公里作为赛跑的距离。

马拉松原为希腊的一个地名。在雅典东北 *30* 公里。其名源出腓尼基语米，意即"多茴香的"，因古代此地生长众多茴香树而得名。体育运动中的马拉松赛跑就得名于此。

希腊波斯战争（公元前 *492* ~ 前 *449* 年）中，公元前 *490* 年，波斯王大流士一世渡海西侵，进击阿蒂卡，在距雅典城东北的马拉松海湾登陆。雅典军奋勇应战，在马拉松平原打败波斯军队。史称马拉松之战。为了把胜利消息迅速告诉雅典人，希腊派遣长跑优胜者斐迪庇第斯从马拉松跑至雅典中央广场（全程 *42.195* 公里），只说了一句话："我们胜利了！"，便体力衰竭倒地而亡，而其奇迹光荣的功绩而成为希腊的民族英雄。

1896 年举行首届奥运会时，顾拜旦采纳了历史学家布莱尔，以这一史事设立一个比赛项目的建设，并定名为"马拉松"。比赛沿用当年菲迪皮得斯所跑的路线，距离约为 40 公里 200 米。此后十几年，马拉松跑的距离一直保持在 40 公里左右。1908 年第 4 届奥运会在伦敦举行时，为方便英国王室人员观看马拉松赛，特意将起点设在温莎宫的阳台下，终点设在奥林匹克运动场内，起点到终点的距离经丈量为 26 英里 385 码，折合成 42.195 公里。国际田联后来将该距离确定为马拉松跑的标准距离。女子马拉松开展较晚，1984 年第 23 届奥运会才被正式列入比赛项目。

由于马拉松比赛一般在室外进行，不确定因素较多，所以在 2004 年 1 月 1 日前马拉松一直使用世界最好成绩，没有世界记录。

在 2004 年雅典奥运会上，首次将奥运会的最后一个比赛项目男子马拉松的颁奖典礼安排在闭幕式上举行。在东道主希腊人看来，马拉松比赛是奥运会的"灵魂"之一，在闭幕式上为马拉松运动员颁奖，是奥林匹克回家的一种象征。2008 年北京奥运会，继承了这一做法。

2. 马拉松的前期准备

如果想在比赛中取得好成绩，赛前有计划的适度训练是非常重要的，还有前期准备更是不能忽视的一项。

脚

爱护好你的脚对参加马拉松赛跑是至关重要的。训练及参赛前要把脚趾甲剪短、剪平；足浴放松；用放松剂按摩脚。如果脚上长了鸡眼或脚趾甲长到肉里，应该去看足病医生。

脓　泡

为了避免脚长脓泡，必须保护敏感区，用药膏擦脚，使脚润滑。

训练鞋

选手在训练时所穿的鞋应该与在马拉松赛当天所穿的鞋一样。在购买时，一定要考虑几个因素：重量轻、透气好、软而厚的鞋底、减震性和弹性强。同时鞋号最好比平常穿的鞋要大一点，以便脚在运动中发胀有空间伸展。

短　袜

就鞋而言，挑选短袜也是很重要的。建议选择专门为跑步创作，一定要选择吸汗、无缝短袜，它是由能保持清洁、干燥以及保暖和防止脚起泡的纤维制成的。

衣　服

选择宽松、透气和吸汗的运动装。

帽　子

在训练或者比赛中，可以避免太阳的直射。

3. 马拉松的训练方法

马拉松的装备

即将进入夏季，天气一天热似一天，稍微运动一会儿就会出汗，因此，在选择跑步服装时，要挑选透气排汗性能好的衣服。长裤，运动裤，男生、女生。最简单的方法就是买一条运动裤。我个人觉得化纤的材料较好一些，跑步时感觉轻便，并且湿透之后很快就会风干，尤其夏天运动量比较大，出汗多。许多人跑步时喜欢穿绒料的休闲裤，看上去与运动裤非常相似。还有一种高弹运动裤，与健美裤类似，松紧性能特别好，穿在身上，腿部的肌肉线条一目了然，看起来非常舒服，自然跑步时也非常舒服。高弹裤子有一种类似短裤，裤腿与膝盖平齐，夏天穿着比较合适。

不论是中速跑还是慢跑，都应该认真选择合适的跑鞋。如果不穿专用鞋，会出现脚掌疼、脚跟疼、脚打泡甚至伤及指甲，很难达到锻炼的目的。跑步中最重要的装备就是鞋子，因为它直接与地面接触，鞋子的质量直接关系到一个人跑步的心情与效果。经常跑步的队员再加上一双好跑鞋，那就如虎添翼，不仅跑得快，而且跑起来非常舒服，发激发跑步热情。到体育用品店就会发现，慢跑鞋的种类非常多；在"鞋海"中如何"淘金"呢？各不同品牌的运动鞋，具有各自技术上的优势和劣势。一般情况下，鞋子的选择不妨注意以下几个问题：一是看鞋面，鞋面材料一定要软才会舒服，尼龙和软皮是很好的材质；二是看鞋的内帮，里面的接口一定要平整，材料要舒适，否则会刮脚；三是依脚选形，您要根据自己脚的胖瘦选择相应的形状；四是看鞋底，

弹性要好，手按大底时中底要有一定的凹陷；五是选鞋时可以双手分抓鞋的前后，扭动一下看看鞋底中间是否变形，不变形才能保证鞋在凹凸不平的地面上稳定，不崴脚；六是看透气性，面料很重要，否则脚汗不容易散发，鞋袜潮湿，还有滑动的感觉。尼龙就很好，若是皮面就需要足够的气孔，不然就是帮你培养汗脚；七是选牌子，大品牌各有所长，难说谁优谁劣，不过 acics 和米 izuno 在专业运动员的脚上最多。最后得提醒一点，跑鞋在用了 1600 公里之后弹性就会大打折扣，这时淘汰它不要可惜。跑鞋最主要的就是轻，弹性好，如果弹性不好那就不是好的跑鞋。

刚开始跑步时对跑鞋的要求并不大，可以先培养自己的兴趣，不必必须有了跑鞋才去跑，舍本逐末，也不可取。选择一双好的跑鞋，鞋底回弹性好。跑步每向前迈进，脚底都受到一次很大的地面反作用力冲击，鞋底回弹性好，冲击力小，不易造成脚伤，也保护了双膝。穿着轻便、舒适、柔软。跑长距离，鞋一定要轻便，一般重量在 7~9 两，沉重的鞋易疲劳。鞋要舒服，不能紧瘦，防止压近脚面，影响细微血管循环，鞋帮透气性好。

总的说来，跑步服装并没有特殊的要求，只要是运动服就可以了。专业的服装也未必一定会适合每一个人，关键是自己穿着舒服，这才是最重要的。只要你穿着跑步舒服，别人怎么看并不重要，跑步就是为了自己舒服，别人看你舒服与否就顾不上那么多了。

跑步时为了详细了解自己的速度，可以买一块计时表，无需非常专业的，只要带有计时功能的电子表就可以了。这样一方面可以有意识的控制自己的速度，同时也可以随时明确自己的水平是前进了，还是下降了，从而进行调整。

马拉松的训练

我们所希望的马拉松全程选手应该具备的最基本要求，就是赛前曾经跑过三十公里以上的距离，并且在跑后没有明显的损伤。当然有些个例，即没有经过长距离的训练也能够坚持完成全程比赛，但是我们并不提倡。在跑马拉松的时候，首先强调的仍然是健康，因为马拉松对人产生的危害可能是终局性的，鉴于此，是否参加马拉松是一件应该慎重的事情。当然，我们在正式比赛前身体的状态也是我们最后能否成行的决定性因素。如果在最后关头，我们确信身体上出现的情况可能产生严重后果时，就应该冷静地退出比赛。这样的选择不是懦弱者的行为，而是一个审慎者的自然之举，值得赞扬和理解。

训练马拉松的方法

首先要克服心理难关。当面对数量很多的公里或者圈数的时候，我们往往会对自己是否可以坚持产生不自信甚至是否定。其实原因是，你缺乏的并不是实力，而是对跑步的恐惧。

克服这种障碍，可以从以下的几方面去努力：

1. 纠正跑步的心态。许多跑步者都一再声明自己是为健身而来的，但是一旦踏上跑道，天生带有的竞争欲望就开始促使你低着脑袋跟别人拼速度，而当别人犹在悠闲前进的时候，你却喘着气止步不前，甚至有时候预料到自己的速度可能在操场上只是下游水平，所以索性很快地跑上几圈后就溜之大吉了。这种心态不利于你耐力的提高和对跑步的恐惧心理的克服。所以，一定要明确自己的跑步目的，要跟自己比赛，而不是别人。要意识到自己每天都在成功的跑步，肯定自己。所以，每次当你内心升起竞争的烈火时，随时浇灭它吧。告诉自己，更远、更均匀，才是你的目标。

2. 心态的坚持。很多人也说，他们很注重这方面的调整，可是最后还是被别人牵着鼻子走。要一个人轻而易举的克服心理障碍是很难的，何况跑步所面对的更重要的对手不是别人而是自己，是自己懒惰、追求平稳、舒服和快乐的愿望。所以很多人说跑步单调，跑者孤独。

怎样使跑步不单调

1. 改换跑步路线。比如不是跑操场，而是跑公路。操场跑圈的单调和枯燥的重复会给初学者一定的心理压力，而轻松的公路跑会给长跑者这样一种感觉，"五公里或者十公里也就这么一点"，还可以免却了你计算"一圈""两圈""三圈"。"还剩三圈""还剩两圈""还剩……"还可以体会那种一蹴而就的痛快，酣畅淋漓的愉悦。自然，跑公路还有一些讲究，交通安全是很关键的，我们千万不能舍本逐末，为了跑步而冒着受伤的危险。在清华，马圈是很多人都熟悉的路线，交通状况尚可。其次，也可以出去到乡间公路上去跑，需要注意的是车虽少但是很快。

2. 结伴而行，转换心态。两人或者多人结伴而行，把倾听别人"踏踏"的脚步声当作一种享受，你的同伴成为了跑者，而你是来欣赏这一切的，带着这种心态，无论多么枯燥的事情，也会马上因此而改变色彩，跑步自是如此。说得夸张一点，倾听来自大自然的声音，而不是接受自己脑袋里边那个可恶的理性的指导，你会享受到真正乐趣。

3. 互动性的培养。跟队员一起跑，是不是只能是一个人为另外一个人提供参照物呢？我认为不是，两个人一起跑步，相互之间倾听是很自然的事情。一个人在前，一个人在后，可以倾听，而当你我并排的时候，也可以倾听，当然，两个人跑步，不要期望是去开交流会，不要老想着跑步的时候要聊天等等。跑步需要很均的呼吸，只有当跑步的速度低于你的实力的时候，你才可以用一半的呼吸来讲话。如果为了调节气氛，讲讲笑话是可以的，但一定要注意调节你的速度，不要因此产生岔气等问题。

158

4. 自己和自己做伴。如果实在只有一个人怎么办？那就去倾听你自己的呼吸，自己的脚步。这种方法可以把你的恐惧寄托到对别的事物的关怀中去，这种关怀最好能够协调跑步而不是相反，这也正是我建议的缘故。倾听它们，很随意的调整你的脚步和速度，务必使它们变得有韵律且轻松。这样你也会变得比较轻松。

5. 身在其中。别忘了看看周围的风景，那些和你我一样在跑道上跑步的朋友。有时候觉得孤独了，找一个速度跟你差不多的朋友，不必说什么，只要跟他一起以同样的速度去跑，去协调你们两个之间的步伐，我相信他会很愉快地与你一起跑步。

热 身

热身是跑前的一个重要环节。有些队员会觉得自己总共就跑那几圈，还热啥身啊，跑的时候当热身算了。也有的队员热身方法不当，热身后，准备开始正式训练或是比赛的时候却没有力气了。实际上，好的跑前热身的习惯，恰当的热身方法，可以把身体调到最佳训练或是竞技状态，更重要的是可以防止受伤。当人由安静状态进入激烈的训练中时，要有一个动员机体相适应的过程，并使神经系统地兴奋性提高到一定的水平，促进身体内脏各部分器官的活动，特别是为加强心脏和肺部的功能做好准备，为血液循环和物质代谢做好充分的准备。准备活动还能使肌肉、关节的毛细血管扩张加大，增加血流量，提高肌肉的收缩力、弹性和灵活性，增强韧带的弹性和柔韧性，使关节腔的滑液分泌增加，关节的活动范围增大，有效的防止肌肉、关节损伤。

目前训练常用的热身套路是：慢跑 *3* 圈；一套徒手操（要求活动到上肢，肩部，腰部，腿部，脚踝等各个关节）；两组 *60* 米快速跑。一般来讲，热身的最佳状态就是全身有些发热，尤其是腿部是一种刚刚出汗的那种感觉，这个时候身体会觉得有点懒，不是很想动。热身

的方法可以不一样，只要能达到效果，就可以了。

跑步姿势

1. 前倾。在大多数情况下适当地身体前倾是一种自然的特征，并且跑速一加快，身体就开始前倾是平衡上的一种自然道理。根据这种情况，一个人在快跑的时候就很难阻止身体前倾角度的加大。但是前倾的角度应该适当，前倾过大了会影响步长和增加背部肌肉的负担，而身体后仰的话会影响后蹬的效果，变成"坐着跑"。正确的姿势是上体稍前倾约五度左右或几乎正直。中跑因为速度比长跑快，应该前倾稍大一些。躯干不要左右摇摆，头部与上体成一直线，面部和颈部的肌肉要放松，眼平视前方。为了提高后蹬的效果，应该在后蹬的时候使髋部前送。

2. 摆臂。摆臂的作用是维持身体平衡并且帮助加快腿部动作的速率。如果摆臂动作不正确或者不协调，就会造成不必要的能量消耗，还会导致全身过早地产生疲劳和破坏跑的动作的节奏性。特别是在终点冲刺的时候，为了保持原有速度甚至加快速度，用加强摆臂动作来促进下肢的速率。跑的时候，双臂应稍稍离开躯干，肘关节弯曲约成 90 度左右，以肩为轴前后自然摆动，两臂应积极向后外侧做摆动，在向前摆动时候，可以稍向内偏些。两臂要始终保持放松状态。跑得越快步子越大，两臂摆动的幅度也越大。

3. 腿部动作。腿部动作为两腿循环交替的后蹬与前摆，后蹬直接决定了速度的快慢。后蹬动作要做的舒展放松，发力方向要和运动方向一致，也就是后蹬的角度要小。正确的后蹬动作要求送髋动作做的充分。大腿前摆要快速，前摆过程的小腿是放松和自然下垂的，上摆动作做完后应快速下压，小腿紧跟做前摆动作。大腿开始下落的时候，膝关节应该自然伸直。脚与地面接触之后，落地腿的膝关节应该稍稍

弯曲。前脚掌先落地，紧接着过渡到全脚掌，这样可以缓冲脚落地时产生的冲击力。落地动作应该富有弹性，这样才能很好地过渡到后蹬动作。脚落地点应该在身体重心投影点前一脚掌至一脚掌半的地方。落地瞬间要抵制重力作用不要使脚塌陷以保持跑的弹性。脚着地的技术和个人的特点、训练程度、跑的速度和距离有关。也有采用全脚掌着地，以及脚后跟着地过渡到全脚掌地。关键是需要有过渡缓冲的过程，才能减小对关节的冲击，防止受伤。脚后跟着地容易形成坐着跑，并且着地过程时间长，不利于提高速度，但对一般的健身跑来说，因为它着地后的冲击力比较小，也是可以采取的。

怎样提高自己的耐力

提高自己耐力的方法主要是"自己跟自己比"。只要每天都有一点进步，最后的你必然是极其厉害的。至于进程问题，可以这样：先用你比较合适的速度去跑，一定要坚持一下，一定不要说不行了。有了这样一个参照数字，每天就用同样的速度跑步，慢慢增加圈数，当距离基本上达到你的要求了，比如六圈，八圈，再提高速度，可以选择最后的几圈的冲刺练习或者步频的提高等。由于我们都是以健身为目标，可以选择一些群众性的比赛，娱乐项目（比如爬山旅游等等）作为你的目标。

至于跑步所需要的时间和其他支出，我想每个人都会有不同的情况，所以一言难蔽之。

需要注意的是，不要跑得太疲劳，很容易受伤的。跑步技术方面的问题要注意一下，因为大家跑步都是逆时针跑圈，左腿的承受额很大，因此这条腿出问题的可能性比较大，所以要根据不同的反映（全身和局部）采取不同的锻炼力度。

循序渐进的训练

对于训练，要提醒大家的是，不要冒进。冒进会毁灭你可能具有的征服马拉松的实力。冒进所产生的各个关节的损伤，是难以在短时间内恢复的，或者它将会长久地影响你的运动和生活。对此有深切体会的往往是那些一瘸一拐的队员。当我们拥有某个美好的东西时，常常视而不见，但是当痛苦和绝望弥漫身体及心灵的时候，我们却追悔不及。对于很多平时没有进行过系统训练的队员来说，从打算报名到比赛，往往只有 2 个月左右的时间。在这么一段时间内，要实现从平时跑步的 10 公里到 30 公里以及 42 公里的突破，有计划，循序渐进的训练便越发重要了。

公路跑

对于马拉松这样的距离，42 公里折算到操场 400 米的标准跑道足足 100 多圈。在操场跑个 4 至 50 圈也已经很枯燥了，仅仅局限于操场跑步的锻炼，对增加的长距离跑步有些难度。并且马拉松比赛是在公路上进行，所以平时的训练中，我们应该适当多跑公路。

公路路面坚硬，缓冲的时间短，对脚踝和膝关节的冲击比较大。然而为了能够顺利完成最后的马拉松，我们必须摆脱对塑胶跑道的依赖，转战坚硬的公路。就像温室里的花朵，终究要到大自然中接受真正的风雨考验。刚开始练习跑公路的时候，小腿肚子会很疲劳，甚至还会抽筋，而且膝关节和脚踝最后肯定也会在一定时间里疼痛难耐，这些诸位或许已经体验过了。但是无论如何，都不要让你的软弱的组织刚刚开始就接受剧烈的冲击，仍然要强调循序渐进。从短距离到长距离，终会适应公路跑，成为其爱好者中的一员。

怎样跑上下坡

42.195 公路的征程，不可能全是平坦大道。如今的北京国际马拉松赛赛道，立交桥的数目比以往有了减少，但适当练习一下上下坡的跑法对适应比赛还是很有必要的。食堂前的小坡就可以当作一个小小的训练基地，大家在跑马圈的时候可以考虑绕道跑一跑。上坡会很累，许多跑步者在快到坡顶的时候都减慢了速度，因为他们想喘喘气。但是切莫减慢速度，那正是猛冲的时候，如果你猛冲过坡顶，到了下坡路的时候再放松，你将会发现你已经超过了你的许多对手很长一段路了。

在跑上坡的过程，身体要向前倾点，步长要缩短，步频要加快，双臂应积极摆动。如果我们是纯粹的参与型选手，步长缩短，保持步频基本不变就可以了。

而下坡跑也有它的危险，主要的危险是你容易跑得太快而使自己疲劳。所以除非已经接近终点线，否则下坡时不要尽全力跑。有时候，你会被一个在下坡路上猛冲的运动员超过去，不用着急，你在下坡以后不久就可能赶上他，这也说明他跑得太快了。下坡跑的时候，适当放大步长，保持步频，以自己感觉轻松为宜。落地倾向于用全脚掌或脚跟，这样容易控制节奏，并且防止膝盖挫伤。

跑后的放松

高强度训练完，常常使人感到筋疲力尽，不想走动，只想马上就地坐下，甚至想躺下休息才好。根本想不到要做跑后的整理活动。有人还认为整理活动是多余的。以上这种做法和想法，都是对身体不利的。运动之后的放松就像运动之前的准备活动一样，对于巩固优化锻炼效果、整合身体各器官机能和防止运动伤害非常关键。

163

其实放松在锻炼的后段就应该已经开始了，也就是说应该有意调整运动强度而使代谢和消耗水平尽可能平缓（1~米阶导数为0）地达到正常状态。就像发动机一样，虽说急停和急启动能力代表一种性能，但肯定会有较大损伤。

1. 散步。训练结束后应该散步一会儿，最好是倒着走或慢跑，如果心里承受能力足够强的话，甚至可以四脚着地爬一会儿，这些所谓逆向运动可以很好地休息正常运动所征用的肌肉群和韧带。直到心跳和呼吸基本从容。

2. 慢跑。适当改变一下运动方式，比如，如果训练项目是无氧力量练习或者强度较大的有氧运动，那么训练结束后应该慢跑（非常慢的慢，不需要大喘气，可以聊天的那种）3~10圈（具体的量因人因情况而异），目的是放松过于紧张的肌肉和韧带，并且有效消耗囤积的乳酸，以免训练后肌肉酸疼。如果训练本来就以长耐力低强度的有氧训练（长跑）为主，那么适当休息几分钟后不妨作几个100~200米短距离冲刺，改变一下对神经系统和肌肉的刺激强度，做到有徐有缓，有张有弛。

3. 踩背。最有效的放松方法是趴在地上让别人用脚踩揉，关键部位包括小腿和大腿后侧和肩背部。趴着的人全身尽可能放松。有痒痒肉的人需要咬紧牙关。此外建议不要踩腰，这里还是自己用手砸砸扭扭什么的，踩断了怎么办？忽视运动后肌肉群的按摩的话，肌肉容易变得僵硬聚团膨大，弹性韧性不好，中看（对女生就连中看都不中看了）不中用。如果没有同伴，可以坐在地上用脚互相踢两条腿，不过这只能对小腿。其它的部位就只能用拳头砸用手揉了，不过手的力量不如腿大。经常按摩肌肉是个非常好的习惯，不一定要在运动之后，随时可以实行，同时有助于熟悉和及时监测肌肉病变。

4. 压腿。也是很好的放松方法，可以把因紧张而半永久收缩的肌肉和韧带复原，减轻酸疼肿胀等不适。但是训练后的压腿应该安排在

适当休息和按摩放松后，而且不要压的太高太用力，要想锻炼柔韧性可以在热身（充分热身）之后进行。因为运动后肌肉疲劳，弹性和韧性差，太用力拉伸可能出现局部韧带或肌肉撕裂。

不要忘记多活动活动颈、肩、踝和腰关节。运动中全身紧张紧绷，这些关节也处于类似于"锈死"状态，不活动开容易积累酸疼。

5. 保暖。要非常注意保温，感冒是小事儿，紧张疲乏的肌肉受凉容易劳损拉伤、粘连什么的。

如果运动后不打算洗热水澡，最好也不要马上洗冷水澡。热水澡（尤其是盆浴）促进血管扩张和体液循环，有利于肌肉舒张放松，乳酸分解，局部损伤修复（尤其是骨膜和关节处的损伤，这些即使在正常运动中也是不可避免的，恢复不利积累会出大麻烦）。

专业运动员每次训练中的热身和放松在时间上会占到相当大的比重，甚至在外行看来颇显腐败。对于我等，固然不必这么较真儿，但是养成一个良好的放松习惯和放松技巧还是很必要的，而且也并不难，花不了多少时间。很多内容在谈笑中就顺便完成了。当然也要注意一点，如果天气非常冷特别是有风的时候，训练完后还是马上回家或者进室内放松。

4. 马拉松的赛前准备

赛事前夕的准备工作

当我们欢欣鼓舞地从体委那里拿到衣服和号码布后，我们激动的心灵就再也难以寻觅一片安静的天地了。那么，这时候，我们要做的是平静地吃饭，到操场上溜达，见见老朋友。

在比赛来临前的一两天，各自院系可能还要召开一些准备会之类的，一定要参加，避免到时候你无法接受他们提供的相应的服务。

而装备上，你需要事先把号码布缝在衣服上，最好是结实一些，免得跑步的时候"拉拉扯扯"，很不雅观。当然，舒服是第一位的。我本人肚子着风就会不是很舒服，所以号码布对我而言有一种肚兜的作用，足以为我的肚皮遮风挡雨。其次，跑步时不能穿新袜子，否则脚会起泡。如果你只有穿新袜子，那么最好翻过来穿，鞋子更不能是新的了，至少要经过两三次的磨合，这一点关键至极。鞋带一般都打成死结，或者，尽量将长出来的鞋带头掺在打紧的鞋带里，以避免被另一只脚踩住而拉开。

跑步中的节奏和疲劳问题

在凛冽的寒风中，我们短裤＋T恤，面带笑容，跃跃欲试，但是我们不能在一开始的时候就使出吃奶的劲，火光在前，但前途漫漫。我们必须根据自己的体力，把最初的步伐保持在足以使我们感到舒服的范围。你不要被周围那些如百米健儿一般的孩子们所迷惑，他们或者是五公里，或者根本就没有经验，或者有过于强烈的表现欲，而你恰恰不是或者不应当是这些情况中的一员（那些真正有实力跑得快的选手我们根本就见不着，人家起跑时都排在队伍最前面）。

到了五公里或者七八公里的时候，你会突然发现漫长的距离正在成为现实。或许你会因为开始跑的太快，双腿已经开始疲劳，你的嘴唇开始变得干燥，而心灵则开始有些焦灼，整个人开始被失望所笼罩。

首先调整一下心态。把你的马拉松设成一项庞大的工程，而这工程已经完成了八分之一或者四分之一，你要强调你在这项浩大工程中已经完成的卓尔不群的部分；同时，你应该欣赏你周围的人，那些鹤发童颜的老者，那些乳臭未干的小朋友，还有那些滑稽搞笑的外国友人；你要去欣赏道路两旁的观众，还有鼓掌的三岁孩童；当然，你也

可以不用去扭转脖子，回头想想这些年来的得失，悲哀与欢乐。

在整个比赛中，会出现两到三个极点。

十公里处出现第一个极点，这个极点大多是新手的"心理极点"或者冒进者虚假的"疲劳极点"。克服这个极点应当按照前边所说的那样，尽量用我们舒服的节奏和速度进行，以便能为后面的长跑酝酿更好的心情以及储备足够的体力。

真正的极点一般出现在后半程。如果没有出现十公里处的极点，则这个极点可能出现在刚过半程，反之，则可能出现在三十公里初。这时候，热量和水分的相应供给，冷水对身体上渐渐麻木的肌肉的激发，都能改善这种状况，使你能够继续跑下去，但更多的要靠自己的毅力去克服。此时我们可以慢走，可以靠着马路中间的防护栏休息。但一定不要坐，倘若坐下去，可能会发生抽筋，一旦发生了抽筋，则几乎无法继续跑下去。无论多苦多难，最好是跑着，不怕慢，只怕看。

由此可见，我们在全程马拉松过程当中一定要掌握好"自己"的节奏，千万不要跟别人去比赛。从本人的经验看：其一、开始时的节奏一定要压住，为了省力，可以跟一个与自己速度差不多的人一起跑一段（我去年就是跟一个 60 多岁的老头一起跑了近 16 公里），原则是，全程的前 10 公里一定要很轻松，好像刚做完准备活动；其二、整个马拉松全程至少要分成 4 个节奏段来跑，虽然各段的速度都差不多，但是节奏和感觉还是不一样的。我的全程感觉是，前 10 公里跑完有如刚做完准备活动；20 公里时感觉用了 40% 的力量；30 公里时感觉用了 70% 的力量；后 12 公里虽然是冲刺阶段，但一定要跑的流畅。

比赛中途的如厕问题

如厕问题在跑道人生版被称为"佐川"问题。跑步前我们（特别是初次参加马拉松长距离赛段的队员）一定很紧张、兴奋，以至于我们的身影常常出现在临时厕所前面，这很正常，反正你想上就上，虽

然我们每次的成果或许都甚为了了，但只要在发枪时不被跑步的队伍扔掉就可以了。

我们真正面临的如厕考验在后面，因为马拉松赛道仅在半程和终点处设立厕所。男队员好说，立交桥下等处可以就地解决问题，虽然不太文雅，但至少解决了根本问题。女队员就要麻烦一些了，不过以我们的经验，沿途经过酒店、公司时，你可以到那儿解决问题，但可能相对耽误的时间要长一些。所以，女队员在出发前一定要研究好沿途的如厕问题。

比赛中的补给问题

无论怎么说，疲劳终究是要来到的，但是幸运的是，可口的饮料和饮水站也要出现在我们的面前了。半程以后，饮料和饮水每公里相隔出现，你满怀着期待等待下一个水站的到来，给自己鼓劲打气，说再努力一会儿，就可以喝可口的饮料了，或者还有干净的水把身上臭臭的汗擦掉，这样，你就会仍然奋力前行：为了饮料，为了水，让我们跑吧。但是，对于四个半小时以后的朋友，或许饮料就会喝完了，这时只有矿泉水了，考虑到这种悲惨的遭遇，我们必须拿点巧克力之类的东西，想想办法，在自己身上找一个合适的口袋，装上你的补给，但是不要让这点东西老拍打着你的身体，使你烦心。

我们平常都是很悠闲的喝水，如果你不熟练在跑动中喝水的话，最好是停下来喝水，时间的消耗也不会带来很大影响的，不要学专业选手那样跑着喝水，这样会欲速而不达；等到后来，我们的关节已经饱受摧残，它无法忍受突然的停顿或者发动，这时我们必须提前让速度慢下来，喝水，然后再缓慢地发动自己的身体，目的就是让自己的身体的速度有一个渐变而不是剧变的过程。当然，如果能习惯在匀速跑步中喝水是再好不过了，各位不妨事先练习一下。

并不是感到非常渴了我们才去喝水，这时候往往无法真正弥补水分的缺失。我们应当在相应的水站，根据自己的情况提前稍微补充一些。在整个过程中一直能够保证至少在水分上的充足，对身体和心理都有非常重要的影响。

每个人的补水时机也是不一样的，据说有人参加全程马拉松比赛过程中是不喝水的。从科学的角度讲，这是不合理的，损失得不到补充会损伤身体。我去年是在第 30 公里时才开始补给水的，前 30 公里节奏跑的还不错，到了第 30 公里时才感到有些不适，补了一些水后感觉好多了，这也算是多少体验了一点补给的重要性。其实感觉上看，在 20 公里处开始逐渐补给应该更好一些，但每次一定不能喝的太多，浅尝辄止，有所补充，但又不会给后面的历程造成负担。

比赛前一天该吃什么。

比赛前一天你吃什么和不吃什么将对你的比赛成绩有重大影响，在这关键的一天里你应有如下目标：

1. 使你的糖元储存达到顶峰；

2. 使体内的水分储存比例合理；

3. 别出麻烦，而问题常来自你错误的饮食。

这一天你应该休息（别消耗太多的热量），但也不要吃的太多（否则你将在赛时感到行动迟缓）。2000 ~ 3500 卡路里的摄入量应该够了，其中的 65% ~ 70% 应来自碳水化合物，少量但高频的"吃"应贯穿于这一整天，意思就是，即使当你出门的时候，也别忘了随身带上零食运动型糖果、三明治、水果或其他健康的小吃等。

在赛前，一顿正餐的量应当合理适中，那种填鸭式的补"糖"大餐怎么说都有点可笑，只要卡路里维持在 800 ~ 1000 之间，且大多数热量来自碳水化合物就可以了。注意，脂肪、蛋白质和纤维的含量要低，而且尽量多的包括那些和你的肠胃相处很好的熟悉食品，总之，以前你没吃过的就不要再试了。

169

比赛前一天该做什么。

1. 这一天里要多喝水（水杯要一直放在你面前）。注意：清澈、淡黄的尿液是你体内水分比例合理的标志，而深黄色即意味着你还需要再多喝水；

2. 要稳健些，保守些。只要可能，就吃自作的饭菜，这样，食物中毒的机会较小，因为你知道自己都吃了些什么（呵呵，对大家来说，学校的饭菜应该是很安全的，放心吃吧）；

3. 赛前一天的晚饭，别吃那些胀气型的食物，比如椰菜和各种豆子；

4. 不要喝太多含咖啡因的饮料。它们有利尿作用，会加大你的排泄量，进而导致你水分流失；

5. 也不要喝太多含酒精饮料，和咖啡因相同，酒精也是利尿的，还会阻止你肾脏里糖元代谢；

6. 不要吃刺激性食物，比如辣椒等等。

7. 比赛当天。

在比赛开始前，进行中，以及赛后，你的任务之一就是不受限制的自由吃喝。

马拉松是个长距离比赛，你需要足够的补给来完成它。而碳水化合物（糖）与水分摄入的量的多少以及两者的平衡，对你的赛时发挥和赛后恢复是至关重要的。

针对起跑，应在赛前2~4小时之内吃一餐。如果你整个早上都不吃点东西，将严重降低你的糖元储存，导致你在比赛中过早感到疲劳。

比赛当天的早饭应由高热量的食物组成（别担心，再来点脂肪和蛋白质也没关系），大概需要100~200克的碳水化合物。

至于水分，赛前2小时内应饮水2杯，这使你有足够的时间来把剩余物排泄掉。一旦比赛开始，你就应频繁的饮水和吃糖（固状或液

状都可以），你的目标是每 *15* 到 *20* 分钟之内饮水 *5～12* 盎司，每跑一个小时就摄入 *30～60* 克的碳水化合物（约合 *120～240* 卡路里）。

赛后如何恢复水分和糖份的损失

首先是运动饮料，它们大多数都有着最佳比例的水分和糖份。要不试试高能量的胶冻，胶棒，或者香蕉，只要你能配合着饮水。

一旦你完成了比赛，请立即进入营养恢复阶段。喝尽量多的水，（你在马拉松中损失的每磅体重都意味着 *16* 盎司的水分损失，实际上大多数人都要超过这个数字）

并请立刻开始恢复你的糖元储存，要在赛后 *30* 分钟内摄入 *50～100* 克碳水化合物，接着，之后每两个小时摄入 *50* 克，总之要在 *24* 小时之内吃下 *600* 克碳水化合物，这样才能保证完全恢复你的糖元储存。

另外要记着赛后立刻吃点蛋白质，研究表明，蛋白质能加速糖元的恢复。显然，你恢复的越快，你就能越早地再次站到训练场上，当然了，这个训练是为了你的下次马拉松。

5. 马拉松比赛规则

马拉松比赛不设世界纪录，只有世界最好成绩。选手的身体情况需得到比赛医疗机构的认可，方能参加比赛。

北京奥运会马拉松比赛运动员不能随便喝水。*42.192* 公里的距离对于人类来说，是一次对体能极限的挑战。在比赛中，运动员虽然会从路边的小桌子或者是路边站立的人手中接过来一些水。而这饮用水却不是谁都可以随便递的。

在马拉松赛中，比赛的起点和终点都提供水和其他饮料，而在比赛路线上，每隔 *5* 公里有一个饮料站。水和饮料放在运动员经过时容易拿到的地方，运动员也可自备饮用水，并且可以在他们要求的地方设置饮料站。饮用水和湿海绵提供站设置在两个饮料站之间。在那里，长跑运动员和竞走运动员经过时可以取到饮用水，还可以从海绵中挤水冲洗头部，起到冷却作用。除此之外，运动员不能从比赛线路上其他地方获得饮料。

可以说，"水"是马拉松比赛中规定最为严格的部分。除此之外，运动员只要在裁判的监督下沿正确的路线比赛即可，如有特殊原因，还可在裁判员的监督下离开赛跑路线，但如果不在监督下离开就会失掉比赛资格。

6. 跑步中常见伤痛问题

肩膀肌肉酸痛

肩膀在跑步前一定要充分活动，可以做做绕环，扩胸，抻拉一下。要不然肩膀动作很容易僵化，导致摆臂不充分，疲劳的也快。还有一种可能就是之前你的肩膀有伤病或者炎症，需要去医院诊断。

岔气

跑之前做准备活动，慢慢进入状态。已经岔气了的话就用很慢的速度跑，伴以深呼吸一段时间之后就能好转。

膝部疼痛

膝伤对跑步有很大影响，尤其是跑公路，因为路面比较硬，对膝盖的冲击比较大。如果伤势厉害，最好不要跑，如果跑一定要慢，落地轻，步子小一点。疼痛比较严重的应该停止跑步 2 ~ 4 周，同时在医生的诊断后口服一些抗炎药物，如布洛芬、芬必得、消炎痛等。

防治措施

除此之外，采取适当的防治措施也是十分必要的：

1. 局部冷敷。疼痛明显时，可用小冰块或浸过冷水的毛巾，敷在疼痛的地方，每日 2 ~ 3 次，每次 5 ~ 15 分钟。

2. 自我牵拉。

（1）牵拉大腿直膝关节。上身缓慢地向前弯曲，直到大腿后面的肌肉有被牵拉的感觉。保持这一姿势 10 秒钟，然后放松还原，重复压腿 4 ~ 6 次。两腿交替进行。

（2）牵拉小腿后肌群。面向墙站立，两脚前后分开，前腿弯曲，后腿伸直，脚掌着地（不要抬脚跟），双手掌撑在墙上。上身不动，腰及臀部向前下方运动，直到小腿后面的肌肉有被牵拉的感觉。保持这一姿势 10 秒钟，然后放松还原，重复 4 ~ 6 次。两腿交替进行。

（3）牵拉大腿前肌群。右腿单脚站立，右手扶桌子或阳台，左腿向后屈曲膝关节，用左手握住左脚，并向左臀部牵拉，直到大腿前面的肌肉有被牵拉的感觉，保持这一姿势同样 10 秒钟，然后放松还原，重复 4 ~ 6 次。两腿交替进行。

（4）小腿抽筋。出现抽筋的现象有以下几种因素：

①天气太凉，肌肉没有活动开；

②近期身体状况不好，疲劳、睡眠不充足或小腿长期处于松弛状态；

③跑步的强度太大，造成短时间内的肌肉痉挛；

④不合理动作的使用；

⑤身体缺乏必要的维生素。

抽筋了就不要再跑，不然容易拉伤。

（5）脚腕疼痛。脚踝的力量比较差时，跑步过量比较容易引起跟腱疼痛，这属于正常的生理反应，是因为在跑步的过程中受到了一定的刺激的结果。可以进行慢跑，注意速度不要太快，如果感觉还是很疼就停下来。不要急于做一些弹跳等类似的运动。

晚上的时候可以用热水泡脚。平时（不痛的时候）可以经常跳一下，增加一下脚踝和跟腱的力量，如跨步跳，跑台阶，跳绳等都可以，适当的做点杠铃也可以。

（6）崴脚。崴脚之后最好是马上用凉水冲或泡（最好是冰块）冷敷一段时间（时间可以稍长一些），24 小时之内不要用热水触及受伤部位，24 小时之后再进行热敷，并涂抹一些药膏包括：红花油、服他林、按摩乳、膏药等。崴脚之后休息 2~3 天，最好不要进行剧烈的运动，感觉好点的时候可以适当的进行运动，最好是慢走。

第九章

竞走运动的竞赛

竞走是从日常行走的基础上发展出来的运动，规则规定支撑腿必须伸直，从单脚支撑过渡到双脚支撑，在摆动腿的脚跟接触地面前，后蹬腿的脚尖不得离开地面，以确保没有出现"腾空"的现象，而这也是竞走与跑步的主要分别。

1. 竞走运动的起源

竞走起源于英国，1867 年，英国举行了第一次竞走锦标赛。到了 19 世纪 90 年代，这项运动在德国盛行起来。1893 年举行的维也纳到柏林的竞走比赛，全程长达 578 公里。1908 年，奥运会正式将竞走列为比赛项目。从 1961 年起，每年举行卢迦诺杯竞走比赛，以后发展成为世界杯赛，男选手争夺卢迦诺杯，女选手角逐爱斯堡恩杯。

竞走比赛最先出现于 1775 年至 1800 年间的英国，有些更是日以继夜地进行。竞走于 1908 年的奥运会正式成为比赛项目，并且分为 3500 米及 10 千米两种赛程，后来亦出现过 3000 米及 10000 米的赛事。1932 年的奥运会首次加入 50 千米竞走的公路赛，而 10000 米竞走则在跑道上进行。自 1956 年起，20 千米及 50 千米竞走正式成为奥运会的比赛项目，并且在公路上进行。女子竞走比赛始于 1932 年的捷克，直至 1992 年的奥运会，女子 10 千米竞步才正式成为比赛项目，而且也是在公路上进行，结果由中国的运动员陈跃玲夺得首面的奥运女子竞走金牌。此外，中国的女子竞走运动员如阎红、徐永久、李素杰、关平、金冰洁、徐跃玲等，亦曾多次刷新 5000 米及 10000 米竞走的世界纪录。

19 世纪初，英国出现步行比赛的活动。19 世纪末，部分欧洲国家盛行从一个城市到另一个城市的竞走旅行。1866 年英国业余体育俱乐部举行首次冠军赛，距离为 7 英里。竞走分场地竞走和公路竞走两种。场地竞走设世界纪录；公路竞走因路面起伏等不可控因素较多，成绩可比性差，故仅设世界最好成绩。运动员行进时，两脚必须与地面保持不间断接触，不准同时腾空，着地的支撑腿膝关节应有一瞬间的伸直，不得弯曲。比赛时，运动员出现腾空或膝关节弯曲，均给予严重警告，受 3 次严重警告即取消比赛资格。1908 年首次进入奥运会，当时的距离是 3500 米和 10 英里。此后几届奥运会距离有所不同，有过 3000 米、10 公里等，从 1956 年奥运会起定为 20 公里（1956 年列入）、50 公里（1932 年列入）。女子竞走于 1992 年才被列入奥运会，距离为 10 公里，2000 年奥运会改为 20 公里。

在奥运会和重大田径比赛中男子有 20 千米、50 千米公路竞走、20 千米田径场地竞走；女子有 5 千米田径场地竞走、10 千米公路竞走。竞走与跑的根本区别在于走步时两脚必须与地面轮换接触，不能有腾空阶段。田径比赛规则规定：每步中，运动员在后脚离地之前，前脚必须着地，脚落地时，该腿必须有一瞬间的伸直。竞走运动员在比赛途中，如违犯了上述规定，第一次犯规裁判员举白旗给竞走比赛予警告，若再次犯规，裁判员举起红旗，取消其比赛资格。运动员在最后 1 圈犯规，可根据具体情况给予警告或直接取消其比赛资格。腿部动作是竞走技术的主要环节。前迈的腿在脚落地时要伸直，用脚跟先着地，这样可增大步长并能减小着地的制动。随着另一腿蹬地，身体重心前移，出现了单腿支撑阶段。当身体重心移至伸直的支撑腿上时，后腿屈膝摆至体侧。在人体经过垂直部位后，支撑腿由全部着地过渡到脚尖，在摆动腿前摆的配合下完成下一步的后蹬。摆动腿随着骨盆沿身体纵轴的转动，屈膝前摆，脚离地面始终较低。腿前摆时应

柔和地伸直膝关节，小腿依惯性前摆并用足跟着地。此时形成短暂的双脚支撑姿势。人体重心在向前运动过程中不应有明显起伏，当重心投影点与前腿支点一致时，又出现了下一步的垂直姿势，接着又开始新的用力蹬地动作。运动员应做到步幅大、频率高，善于协调肌肉的用力和放松，走步要朴实、自然，省力而无多余动作，两脚落地的足迹应保持在一条直线上。竞走时，运动员躯干自然伸直或稍前倾。两臂屈肘约 $90°$，在体侧做前后协调有力的摆动，两臂配合下肢动作调节走的速度，走步时身体重心尽量做向前的直线运动，过大的上下起伏和左右摇摆不利于提高走速，也会消耗较多能量。现代竞走技术中的鲜明特点是突出骨盆沿身体纵轴的前后转动。举行 20 千米以上竞走比赛时，每隔 5 千米设一饮料供给站。饮料以橘汁、加糖浓茶、葡萄糖及少量食盐配成。

2. 竞走的特点

竞走是两脚交替走步的田径运动。比赛在田径场或公路上进行。在奥运会和重大田径比赛中男子有 20 千米、50 千米公路竞走、20 千米田径场地竞走；女子有 5 千米田径场地竞走、10 千米公路竞走。竞走与跑的根本区别在于走步时两脚必须与地面轮换接触，不能有腾空阶段。田径比赛规则规定：每步中，运动员在后脚离地之前，前脚必须着地，脚落地时，该腿必须有一瞬间的伸直。竞走运动员在比赛途中，如违犯了上述规定，第一次犯规裁判员举白旗给竞走比赛预警告，若再次犯规，裁判员举起红旗，取消其比赛资格。运动员在最后 1 圈犯规，可根据具体情况给予警告或直接取消其比赛资格。腿部动作是竞走技术的主要环节。前迈的腿在脚落地时要伸直，用脚跟先着地，这样可增大步长并能减小着地的制动。随着另一腿蹬地，身体重心前移，出现了单腿支撑阶段。当身体重心移至伸直的支撑腿上时，后腿屈膝摆至体侧。在人体经过垂直部位后，支撑腿由全部着地过渡到脚尖，在摆动腿前摆的配合下完成下一步的后蹬。摆动腿随着骨盆沿身体纵轴的转动，屈膝前摆，脚离地面始终较低。腿前摆时应柔和地伸直膝关节，小腿依惯性前摆并用足跟着地。此时形成短暂的双脚支撑姿势。人体重心在向前运动过程中不应有明显起伏，当重心投影点与前腿支点一致时，又出现了下一步的垂直姿势，接着又开始新的用力蹬地动作。运动员应做到步幅大、频率高，善于协调肌肉的用力和放松，走步要朴实、自然，省力而无多余动作，两脚落地的足迹应保持在一条直线上。竞走时，运动员躯干自然伸直或稍前倾。两臂屈肘约 $90°$ ，在体侧做前后协调有力的摆动，两臂配合下肢动作调节走的速度，走步时身体重心尽量做向前的直线运动，过大的上下起伏和左右摇摆不利于提高走速，也会消耗较多能量。现代竞走技术中的鲜明特点是突出骨盆沿身体纵轴的前后转动。举行 20 千米以上竞走比赛时，每隔 5 千米设一饮料供给站。饮料以橘汁、加糖浓茶、葡萄糖及少量食盐配成。

目前国际田联承认的竞走项目有男子 20 公里、30 公里、50 公里、30 英里、30 英里两小时竞走和女子 5 公里、10 公里的竞走世界纪录，而且竞走只有在场地成绩才能被批准为世界纪录，在公路竞走中取得的成绩只能作为世界最好成绩，而公路比赛中的成绩往往高于正式的世界纪录。

3. 竞走的好处

竞走是在普通走的基础上发展起来的，两者的动作结构相同，都是由单脚支撑和双脚支撑交替反复进行。但竞走有它的特点，骨盆前后转动大，腰部有一定的扭动，两臂积极摆动，脚着地时腿充分伸直，步幅大，频率高，前进速度快。

练习竞走能发展腿部肌肉的力量及髋关节的灵活性增强体质，促进健康，提高血液循环系统和呼吸系统的机能，培养吃苦耐劳、勇敢顽强的意志品质。竞走的速度取决于步频和步长。普通走每分钟约为一百到一百二十步，而竞走可达一百八十到二百步，优秀的竞走运动员每分钟超过二百步。普通走的步长一般是七十到八十厘米，竞走的步长可达九十到一百一十厘米，身材高大的运动员的一步是一百二十厘米左右。普通走，每步一般需要 $0.50 \sim 0.55$ 秒，而竞走每步只需要 $0.27 \sim 0.32$ 秒，甚至还要少一些。

因此，这就加大了肌肉紧张和放松交替工作的困难程度，需要在训练中很好地解决。步长和步频是相互制约的。加大步长相对的会影响步频，加快步频也会影响步长。一般应保证一定步长的前提下提高步频。过分加大步长，会给有关肌肉加重负担和增加紧张程度，过多消耗体力，容易引起疲劳，而且也不利于步频的加快。加快步频是依靠腿部肌肉的力量和中枢神经系统的作用，其潜在力是比较大的。

4. 我国当前的竞走现状

中国竞走先天不足需过硬技术弥补。

近年来，中国女子竞走名将在世界大赛上受罚的镜头经常可见。2000年悉尼奥运会刘宏宇被罚，2004年埃德蒙顿世锦赛刘宏宇又三次犯规被罚；1987年在罗马世锦赛上关平在最后关头被罚，之后阎红等也在世界大赛上相继被罚。这些都曾在国内引起过较大震动。

著名竞走运动员王丽萍认为，目前中国竞走水平能算得上是世界前列，陈跃玲等多名运动员曾先后夺得过奥运冠军；黎则文在1995年4月第17届世界杯竞走比赛中夺冠，也因此成为中国第一位在世界级比赛中夺得冠军的男子田径运动员。但是不可否认的是，中国选手频频在国际重大比赛中被罚。中国选手和欧美选手在身材上有很大区别，外国运动员人高马大，竞走步幅人，而中国运动员个了小，步幅也小，容易给外国裁判员造成犯规的错觉，也容易挨罚。正因为"先天不足"，所以更应注重在技术上苦下工夫。

针对国际大赛中，田径项目裁判对于中国选手小步幅、高频率的竞走技术锱铢必较的问题，中国田管中心向国际竞走协会主席皮特·马罗发了一封以"讨论、沟通"为基调的电子邮件，从而希望得到竞走比赛中允许存在"一种技术，多种风格"的结果。

国际竞走协会主席皮特·马罗在收到邮件后，当即给了田管中心回复：他同意中国田管中心所提出的建议。因为他也在国际竞走协会举办的裁判培训工作中，多次和中国的国际级裁判杨善德、王晏探讨过这个问题。同时，理解中国运动员乃至亚洲运动员受体型限制，不

能如欧洲运动员一样采用大步幅、低频率的走姿。所以，他会在以后的培训中，向裁判不断地解释你们提出的"一种技术，多种风格"的说法。但据了解，虽然目前皮特·马罗已经基本上同意了中国田管中心提出的"一种技术，多种风格"的说法，但具体实施起来还需要很长的时间。

据了解，全世界被国际竞走协会认可的国际竞走裁判一共有 30 名。而每场国际比赛中，该组织只会指定 30 人中的 9 名裁判前去执法，其他的 21 名裁判将轮流到下一场国际比赛执法。更有趣的是，该协会一般是借助国际比赛将部分裁判员聚集到一起，传授和总结比赛中出现的问题。

5. 竞走技术的发展趋势

现代的双支撑阶段技术应该具备以下特征：脚落地一瞬间应有前脚跟和后脚尖着地的同步姿势，在动作上是前脚尖上翘，后脚跟上提的同步动作。当肉眼观察到这两个同步时，则被认为是当代竞走双支撑阶段的特征。

为了避免造成人眼观察到的腾空犯规技术，实践中应注意以下几点：

第一点：竞走时重心趋于平稳。重心的活动应避免垂直位移过大，着地点距重心投影过近，前蹬位移过小，前蹬角过大，用力的方向向下，均会增大垂直分力，造成观察到的腾空犯规。

第二点：提高走速应着眼缩短摆动时间。在不影响步长的前提下，缩短下肢在摆动时期的移动路线，加强与摆腿有关的肌群力量，从而加快摆速，缩短单支撑时间，避免双支撑阶段过早的消失。

第三点：必须控制好运动员的体力。当速度超过自己本身所能控制的技术能力时，则会造成腾空，比赛中互相拼争，体力分配不当是其主要原因。

第四点：注意整体技术的协调放松，人体各环节动作都应该注意其动作结构的合理，平稳，互相协作，任何部分的不协调都会造成紧张，使动作起伏大，容易给裁判造成腾空的印象。

6. 竞走的规则

比赛中裁判可以将推撞或者阻碍他人的运动员罚出。跑道径赛中运动员自愿离开跑道的不可以继续比赛。跑道径赛过程中除了 5000 米以上长度的比赛以外，运动员不能接受帮助或者建议。5000 米以上的比赛如果天气情况允许可以提供饮料和海绵

竞走是传统的奥运会竞赛项目，也是田径运动中惟一要依据裁判员技术判罚而影响运动员成绩的项目。裁判员的判罚在一定程度上决定着运动员能否取得优异成绩，而裁判在执行判罚过程中，不可避免地会带有个人的主观因素。另一方面，运动员在训练过程中，由于个人素质的不同，技术动作也会千差万别，要想通得裁判的"慧眼"必须练就过硬的技术，这使得运动员在训练场上必须严格训练，而由于竞走项目本身的技术特点，导致对于技术尺度非常难以把握。

犯规信号捕获是指当运动员双脚腾空后，智能系统能自动识别，并记录下来；信号无线传输是指通过无线传输芯片 nRF905 将犯规运动员的信息发送到裁判员的手持表；信号上传是指比赛结束后，通过

USB 接口将运动员随身携带的发射仪器记录的比赛时的数据传输给计算机，进一步核实运动员在比赛中的信息。

犯规信号的捕获是通过镶嵌于鞋底的一组开关阵列完成的。运动员在竞走过程中，首先是脚跟着地，然后由脚外侧过渡到前脚掌至脚尖。利用鞋底的橡胶对它产生缓冲的作用来减小开关的承受力，从而延长开关的使用寿命。每组开关阵列包含 8 个开关量，即每个鞋底安装 8 个开关。开关阵列的分布主要集中在运动员竞走过程中的着力点：脚底前侧、后侧和外侧。这样，运动员在竞走过程中，脚的任意位置着地，开关阵列至少会有一个开关闭合，只有当双脚腾空时，对地面的压力为 0，所有的开关断开。此时，就视为运动员腾空。

主控制芯片通过扫描开关阵列判断运动员是否犯规。当所有开关都断开时，启动计时器开始计时，任意一个开关再次闭合后停止计时，主控芯片读取计时时间，若小于腾空时限，则认为运动员没有犯规，丢失数据；若大于腾空时限，就认为运动员犯规一次，单片机会自动将此运动员的信息保存下来，并无线发送给裁判员，作为裁判员判断运动员是否犯规的依据。

信息接收设备是裁判员手中的手持表，接收发射仪器发射来的运动员的犯规信息。手持表的主控芯片选用带有液晶驱动的 MSP430F435 单片机，连接 nRF905、液晶显示器、蜂鸣器等。手持表中保存着所有受训的运动员的号码，当收到发送来的信息后，声音提示裁判员有人犯规，同时液晶显示器上显示出犯规运动员的号码、犯规时间和犯规次数。存储在 Flash 存储器中的该运动员的信息也将被重新刷新。若该运动员在本次比赛中犯规已达 3 次，手持表会提示裁判员，此运动员犯规次数已达最大。它的具体电路图与发射仪器的电路类似。

7. 竞走裁判工作

任 务

竞走裁判工作由竞走主裁判根据规则和规程的要求具体负责，保证比赛在公平竞争中进行。

工作方法

1. 赛前竞走主裁判召集全体竞走裁判员会议，研究裁判方法及裁判员分工，熟悉比赛场地和路线，做好裁判器材、用品的检查和准备工作。

2. 比赛前一小时裁判员到达赛场，主裁判召集会议，进一步明确裁判分工、职责、判罚执法区域、比赛中裁判员换位的时间和方法。裁判员对准计时表后出发上岗，一般赛前 *10* 分钟到达工作岗位。

3. 记录处、红卡显示牌处、用水站、饮水和饮料站、计时、记圈、折返点等处的裁判员和工作人员，应于赛前 *30* 分钟到达工作岗位，协助布置好比赛用的桌椅、裁判器材、用水和饮料等，确保赛前做好全部准备工作。

4. 裁判员认为某运动员出现技术动作犯规时，应进行警告，同时向该运动员出示警告判罚牌，将标有犯规性质符合（"－"腾空或"＜"屈腿）的一面对着运动员，同时呼叫该运动员的号码，使他知道是自己犯规及自己犯规的性质。随后将该运动员的号码、犯规时间和犯规性质填写在判罚记录表上，赛后交给竞走记录员。裁判员判定

185

某运动员再次出现同一性质的犯规时，应填写红卡，并由联络员交给竞走记录员处。竞走定义是裁判员判罚的依据。

运动员的以下竞走姿势和动作容易造成竞走犯规：支撑腿从前摆着地到垂直部位有屈腿现象，竞走时身体重心上下起伏较大；不是以足跟先着地，或足跟着地不明显甚至全脚着地走，后蹬动作不充分，蹬地后小腿后撩过大，摆动腿前抬大腿过高；步幅过大或步频过快；动作不协调。

5. 记录员应将收集到的红卡及时填写到判罚总记录表中，并通知红卡显示牌记录员登记在红卡显示牌上，对已有来自不同单位3名裁判的红卡的运动员犯规，要及时向主裁判报告。当主裁判执行取消比赛资格的判罚后，记录员应记下主裁判执行判罚的时间。

6. 主裁判出示判罚红牌时，被判罚取消比赛资格的运动员应及时摘掉佩带的号码，并离开比赛路线。

7. 比赛结束后，主裁判应将被取消比赛资格的运动员号码及时通知终点主裁判，并在成绩表上签字。每项比赛结束后，在抗议有效时间（30分钟）内不要离开赛场。

8. 有关裁判员和服务人员应按规则规定，准备供应饮水和饮料。

8. 竞走的基本要求

1、步幅自然、宽大、频率快、身体重心轨迹波动小，移动速度快，实效性高。

2、动作自然、协调、节奏感强、轻松省力、经济性好。

3、双脚不能同时离地。

普通走步的速度，每小时约五公里左右，而竞走的速度则快得多，即使用中等速度走，也要比普通走快一倍以上。竞走规则要求，支撑腿必须伸直，从单脚支撑过渡到双脚支撑，在摆动腿的脚跟接触地面前，后蹬腿的脚尖不得离开地面，这样就能保证用双脚支撑，不会出现腾空现象，这是走和跑的根本区别。

竞走的单脚支撑和双脚支撑是不一样的，单脚支撑要比双脚支撑时间长得多。要想加快竞走速度，必须缩短单脚支撑和双脚支撑的时间，但缩短双脚支撑时间是主要的，而缩短单脚支撑时间其效果是不明显的。

9. 竞走的技术动作特点

1. 高速特点：主要表现在部频每分钟已经超过 *200* 步/分以上，步长平均每步大 *120* 厘米，速度已达 *4* 米/秒以上。

2. 技术上仍然有规则对动作的限制，但已明确以人的观察为准. 竞走双支撑阶段动作存在与否，是根据裁判员是否能观察到为准，其腾空时间在 *0.06* 秒以下，在身体处于垂直部位时，其支撑腿充分伸直。

3. 当代竞走技术，特别强调脚落地时，脚跟的领先技术，强调脚落地后重心迅速前移的动作，强调蹬地充分发挥踝关节的力量，强调后蹬结束摆腿时，大小腿的折叠不应过大，要求成自然的状态。

4. 竞走时，身体重心的活动轨迹是不断向前的上下左右结合的微波浪形。上下起伏一般不超过 *5* 厘米，脚落地基本在一条直线上，与以往相比，其重心活动更加趋于平稳，更有利于向前移动。

5. 奥运会竞走项目和世界杯比赛，都在公路上进行，正式项目有女子10公里，男子20公里和50里。也有在田径场进行的比赛以米为单位，女子有5000米，10000米；男子有10000米，20000米，都属于长距离比赛。

6. 竞走项目身体活动以有氧代谢为主，属中等强度。

10. 决定竞走速度的因素

对于一名竞走运动员来说，能否取得好成绩，关键取决于步幅和步频。

决定竞走速度的主要因素是步长与步频。

步长是指竞走和跑时，两腿着地点之间的距离。

步频是指单位时间内两腿交换的次数。

无论改变步长或步频，或者两者同时改变，都将对竞走和跑的速度产生影响。如果保持步长不变而提高步频或保持其步频不变而加大步长，都能提高竞走和跑的速度。根据个人特点，合理调整步长与步频的比例关系，是提高竞和跑的速度的有效途径。

步长与步频受多种因素的影响。

决定步长的因素有：腿长、蹬地的力量、速度和角度，髋关节的灵活性，肌肉的柔韧性，摆腿和着地技术等。

决定步频的因素有：人体神经过程的灵活性，运动器官的协调性，肌肉的力量和收缩速度等。

步幅自然、宽大、频率快、身体重心轨迹波动小，移动速度快，实效性高。动作自然、协调、节奏感强、轻松省力、经济性好。

此外，在竞走的过程中，身体重心的轨迹有上下、左右的波动。上下波动的差数称为身体重心波动差。波动差大，腾空高而时间长，影响竞走和跑速度的发挥。身体重心波动差的大小与竞走和跑的技术密切相关。因此，应当掌握走和跑的正确技术，力求身体重心移动平稳，尽量减小左右摇晃，缩小身体重心上下波动差。

11. 竞走动作周期

竞走是人体位移的方法，属于周期性运动。竞走动作周期是一个复步，即走或跑两步。无论竞走和跑的距离长短，它们都是以同样程序不断地重复单个周期动作。

竞走的一个周期包括两个单腿支撑时期和两个双腿支撑时期，没有腾空时期。

在竞走时，单腿支撑时期占竞走一个动作周期的大部分时间，双腿支撑占一个动作周期的较少时间。先进的竞走技术应尽量减少双腿支撑时期的时间。但在不影响步长的情况下，加快两腿剪角动作，减少单腿支撑时期的时间，更有助于提高竞走成绩。

着地缓冲

着地缓冲是从腿着地至身体重心移过支撑垂直部位，开始进入后蹬阶段时的这一动作过程。由于脚的着地点在身体重心投影点之前，脚着地瞬间对地面的冲击力很大，它对人体向前移动起阻力作用。因此，脚着地时应接近身体重心投影点，尽量减少制动和阻力。正确的着地方法是摆动腿向前向下，以前脚掌积极"扒地"，脚着地后，踝、

膝、髋关节主动弯曲，做"退让"式动作，同时另一腿积极向前摆，加快身体向前移动速度，缩短缓冲时间。

后 蹬

后蹬是从身体重心移过支撑垂直部位之后开始，至后蹬腿脚掌离地，身体开始腾空为止。后蹬使人体获得向前运动的动。后蹬过程中，在其他条件相等时，蹬地的力量越大身体的加速度也越大；蹬地角度适当减小，则水平分力相应增大，有助于加快跑速。另外，后蹬动作的速度、蹬地的方向及动作的幅度都对后蹬遥效果产生影响，一般来说，后蹬力量大、速度快、角度适当减小、蹬地动作幅度大，则跑速快，反之则慢。

后 摆

支撑腿后蹬结束即进入后摆，至膝摆动到支撑点的垂直上方时后摆结束。后摆时要放松小腿，并随大腿的积极向前摆动形成大小腿折叠。良好的折叠能缩短腿的摆动半径，对加快摆动速度有很大作用。

前 摆

从摆动腿的膝经过支撑点垂直上方开始至膝摆到体前最高点止（即支撑腿结束后蹬后）。在一腿后蹬的同时，另一腿有力的向前上摆动，是相互协同及不可分割的动作。摆动，腿向前摆动的力量、幅度、速度和方向，直接影响和决定着后蹬的力量、幅度、速度和方向，因此，摆动动作的协同配合，对增大后蹬效果具有重要的意义。

支撑腿结束后蹬，脚掌离地至摆动腿脚掌着地前瞬间为止，人体处于腾空。由于空气阻力和重力影响，后蹬所获得的向前加速度有所减小。由于人体惯性作用，身体重心按后蹬决定的抛物线向前移动。腾空时要保持身体沿直线、平稳地以较低的动作幅度向前运动，并为摆动腿积极下压着地做好准备。

竞走的技术特点是骨盆的明显转动，围绕垂直轴的转动能够增加步长，有利于身体重心向前移动，围绕前后轴的转动有利于支撑腿的伸直，有利于摆动腿的快速前摆，因此，骨盆围绕垂直轴的转动和围绕前后轴的转动技术是竞走的教学重点。

根据"竞走定义"要求竞走技术做到前腿着地到垂直部位膝关节必须伸直这一技术动作是竞走技术的难点，由前腿"扒地式"全脚着地技术必须改为"滚动式"足踵着地技术，必须做到前腿着地瞬间有 42 毫秒以上膝关节伸直，使人的肉眼才能看到脚触地瞬间膝关节伸直的动作形象，成为最佳的前腿在垂直部位的时间与空间特征。

12. 竞走的动作要领

竞走是与地面保持不间断接触地向前跨步。每步中，在后脚离地之前，前脚必须与地面保持接触（不得有肉眼可见的腾空）。支撑腿在垂直部位和过度瞬间必须是伸直的（即膝部不得弯曲）。

竞走的技术是在普通走步的基础上发展起来的。现代竞走技术的特点是骨盆的转动以转绕身体垂直轴为主，步幅大、步频快、支撑时间短、速度快。竞走的速度比普通走快一倍以上。合理的技术在于紧张用力之后能迅速而充分的放松肌肉，但动作频率越快动作的协调和股肉的放松越难。

竞走的腿部动作

腿部动作是竞走技术的主要环节。竞走可分为单脚支撑和双脚支撑两个时期，单脚支撑又有前蹬和后蹬两个阶段。当身体处于垂直部位时，支撑腿完全伸直，全脚着地，摆动腿还在摆动着，其膝关节比支撑腿的膝关节略低，大小腿间的角度略大于直角，骨盆的横轴稍有倾斜。

当身体重心前移超过垂面时，即开始后蹬。摆动腿屈膝向前摆动，带动骨盆沿上下轴向前转动，小腿依靠大腿向前摆动的惯性而前摆，逐渐伸走膝关节，并用脚跟先着地，从而加大了步幅。在摆动腿的脚跟和地面接触时，形成了刹那间的双脚支撑。这时要两腿伸直，防止重心下降。当摆动腿的脚跟着地时，后蹬腿的脚尖立即蹬离地面，从而结束后蹬动作。

竞走的躯干和两臂动作。

两肩与躯干配合两腿动作也沿着身体纵轴稍有转动，以维持身体平衡和加强后蹬的效果。摆臂时两臂屈肘约成90°，两手半握拳在体侧轻松有力地前后摆动。前摆时一般不超过身体中线，高度不超过下颏。后摆时肘部稍向外偏，上臂约与肩平。

身体重心的移动

在竞走过程中，当身体垂直时，身体重心是处在最高点，双脚支撑时，身体重心所处的位置最低，重心轨迹上下起伏。身体重心变化不但与竞走技术有关，而且与速度也有关系。应尽量防止出现重心离开直线的轨迹而向左右摇摆的现象

竞走与跑的根本区别在于走步时两脚必须与地面轮换接触，不能

有腾空阶段。田径比赛规则规定：每步中，运动员在后脚离地之前，前脚必须着地，脚落地时，该腿必须有一瞬间的伸直。竞走运动员在比赛途中，如违犯了上述规定，第一次犯规裁判员举白旗给竞走比赛予警告，若再次犯规，裁判员举起红旗，取消其比赛资格。运动员在最后 1 圈犯规，可根据具体情况给予警告或直接取消其比赛资格。

腿部动作是竞走技术的主要环节。前迈的腿在脚落地时要伸直，用脚跟先着地，这样可增大步长并能减小着地的制动。随着另一腿蹬地，身体重心前移，出现了单腿支撑阶段。

当身体重心移至伸直的支撑腿上时，后腿屈膝摆至体侧。在人体经过垂直部位后，支撑腿由全部着地过渡到脚尖，在摆动腿前摆的配合下完成下一步的后蹬。摆动腿随着骨盆沿身体纵轴的转动，屈膝前摆，脚离地面始终较低。腿前摆时应柔和地伸直膝关节，小腿依惯性前摆并用足跟着地。此时形成短暂的双脚支撑姿势。

人体重心在向前运动过程中不应有明显起伏，当重心投影点与前腿支点一致时，又出现了下一步的垂直姿势，接着又开始新的用力蹬地动作。运动员应做到步幅大、频率高，善于协调肌肉的用力和放松，走步要朴实、自然，省力而无多余动作，两脚落地的足迹应保持在一条直线上。

竞走时，运动员躯干自然伸直或稍前倾。两臂屈肘约 90°，在体侧做前后协调有力的摆动，两臂配合下肢动作调节走的速度，走步时身体重心尽量做向前的直线运动，过大的上下起伏和左右摇摆不利于提高走速，也会消耗较多能量。现代竞走技术中的鲜明特点是突出骨盆沿身体纵轴的前后转动。举行 20 千米以上竞走比赛时，每隔 5 千米设一饮料供给站。饮料以橘汁、加糖浓茶、葡萄糖及少量食盐配成。

13. 竞走技术分析

竞走是一项由单脚支撑与双脚支撑相交替两腿不断交互迈步前进的周期性运动，竞走的一个周期（即一复步）人体要经过两次单脚支撑和两次双脚支撑。

下肢动作

下肢动作是竞走技术中最主要的动作。在走的周期中就一条腿的动作而言，可分为支撑与摆动两个时期，支撑时期又可分为前支撑（前蹬）与后支撑（后蹬）两个阶段，阶段的划分是以身体垂直部位为分界线。

1.1.1 前支撑（前蹬）阶段

前支撑阶段的动作是从脚着地瞬间开始到支撑腿垂直支撑瞬间为止，该阶段动作的主要任务是减小着地时的制动和由此而造成水平速度的损耗。

1.1.2 后支撑（后蹬）阶段

后蹬阶段的动作是从支撑腿垂直支撑开始到脚趾末节蹬离地面为止，该阶段的主要任务是通过后蹬产生的反作用力，推动人体向前运动。

1.1.3 摆动时期

摆动时期是从脚趾蹬离地面开始到摆动腿着地前瞬间为止。该时期的主要任务是配合支撑腿的动作，增大步幅，加快步频，提高后蹬效果，此外，还起到放松在支撑时期工作的伸肌群的作用。同时摆动

腿的加速前摆动作对促进支撑腿蹬离地面也起到积极的作用。

躯干与两臂动作

竞走时躯干的姿势将会直接影响到骨盆的运动。正确的躯干姿势能避免由于上体过分前倾或后仰而造成的动作紧张，也有助于髋部的前送和加大蹬地腿的后伸幅度。摆臂的任务是维持人体平衡和调节步长、步频。

14. 竞走教学步骤与方法

学习腿部技术和骨盆沿身体垂直轴转动技术

骨盆沿垂直轴所作的前后转动，与两腿的支撑和摆动有着密切的关系。骨盆的正确动作对增大步幅，提高步频和蹬摆效果都起着积极的作用，在教学中应强调骨盆沿垂直轴前后转动，摆动腿的骨盆带动大腿。大腿带小腿，屈膝前摆，以脚跟领先着地和支撑腿直膝支撑的技术。

教学时可采用以下教学方法：

（1）直道普通大步走练习（要求脚跟先着地）；

（2）二腿走练习；

（3）原地左右转髋练习；

（4）原地或行进间的前交叉步练习；

（5）原地交换支撑腿脚练习；

（6）原地徒走和持小球的臂练习。

在教学时，应强调动作的自然放松，直腿走要强调支撑腿在垂直部位必须伸直，沿垂直轴转动的动作要自然，并与两腿、两臂及躯干的动作协调配合，摆臂时应注意肩带的放松和摆臂方向的正确。

改进与提高竞走技术

掌握了竞走的专门性练习之后，进入竞走练习时，可采用以下教学方法：

（1）较大步长中速度竞走练习；

（2）小步竞走练习；

（3）变速竞走练习；

（4）8字竞走练习（两个圆圈直径8米左右）；

（5）中速和快速竞走练习；

在竞走的整个教学过程中，始终要强调动作自然、放松和基本技术的正确。练习时可根据学生掌握技术的熟练程度，逐步提高竞走的速度和增加竞走的距离。

15. 竞走教学中常见错误动作

腾　空

腾空产生的原因：

1. 主要表现为支撑时间的缩短。当一条腿的摆动尚未结束，另一条腿已从支撑转为摆动。这种支撑与摆动时间的不平衡，使人体产生了腾空。

2. 步长过大或步频过快。当竞走速度超过练习者的能力时，易造成腾空犯规。

3. 人体总重心垂直位移过大在竞走的一个复步中，由于人体各环节位置的变化和各关节伸展程度的不同，人体总重心的垂直方向会产生位移，支撑腿蹬离地面时重心位置最高，支撑腿处于垂直位置时重心最低，着地点距重心投影点过近，前蹬位移过小。前蹬角与后蹬角过大，都会增大垂直分力，造成腾空。

纠正方法

根据个人的素质情况合理地掌握步长和步频，加强摆动腿和支撑腿的技术训练，减小蹬地角，合理控制蹬地力量，保持身体重心向前移动的稳定性。

支撑腿在垂直部位屈膝

支撑腿在垂直部位屈膝生产的原因为技术概念不清，膝关节支撑能力差。

纠正方法

讲清竞走规则和正确技术要领，加强支撑腿在垂直部位伸进膝关节的专门能力训练（如直膝负重走等练习）。

上体过分前倾或后仰

上体过分前倾或后仰产生的原因是竞走速度过快造成动作变形；躯干力量差。

纠正方法

合理分配体力，注意动作的正确性；发展腰背肌力量。

上体和肩部动作紧张

上体和肩部动作紧张产生的原因是耸肩、摆臂时肩带紧张，摆动方向不正确，上体过于前倾。

纠正方法

讲清摆臂的作用和正确技术概念，加强摆臂力量和放松能力的训练。